RÉFLEXIONS

SUR LA

SOUSCRIPTION AUX ACTIONS DE LA COMPAGNIE DU CHEMIN DE FER

DE

PAMPELUNE A SARAGOSSE

RÉFLEXIONS

SUR LA

SOUSCRIPTION AUX ACTIONS DE LA COMPAGNIE DU CHEMIN DE FER

DE

PAMPELUNE A SARAGOSSE

SUIVIES DE

L'EXAMEN DU RAPPORT PRÉSENTÉ AUX ACTIONNAIRES

DE LA

CAISSE GÉNÉRALE DES CHEMINS DE FER

Sous la raison sociale : *J. MIRÈS ET C*ᵉ

PAR A. CASTILLON

PRIX : 1 fr. 50

EN VENTE

CHEZ DENTU, LIBRAIRE, GALERIE D'ORLÉANS
PALAIS-ROYAL

ET A LA GAZETTE DE L'INDUSTRIE
26, RUE FEYDEAU

1860

I

Un nouveau système en matière d'association.

M. Mirès, directeur de la *Caisse générale des chemins de fer*, fondateur d'un grand nombre de sociétés en commandite, principal intéressé de plusieurs journaux politiques et directeur d'un journal spécial, publiait, dans le courant de mars dernier, une lettre qui a produit dans le monde financier un profond étonnement. On se demandait comment un homme intelligent et ayant l'expérience des affaires avait pu concevoir un système d'association aussi peu pratique que celui qu'il prenait la peine d'exposer. On s'étonnait non moins de voir le fondateur de tant de sociétés industrielles se faire l'avocat d'office des victimes de la commandite, et donner publiquement aux organisateurs habituels d'entreprises par actions une leçon facile peut-être à retourner contre son auteur.

A qui une pareille épître pouvait-elle s'adresser, si ce n'est à cette partie du public que séduisent toujours les banalités sonores, à cette multitude dont il est si facile de mettre en défaut la clairvoyance ?

Quant aux hommes expérimentés en affaires, ils ne pouvaient voir, dans cet exposé d'un système impraticable à tous égards, que la réclame préparatoire d'une nouvelle affaire à lancer. En effet, quinze jours à peine s'étaient écoulés depuis la publication de la fameuse lettre, que

M. Mirès faisait annoncer dans les journaux l'émission des actions du chemin de fer de Pampelune à Saragosse et l'application, à propos de cette affaire, de sa nouvelle théorie.

Afin de mettre le public en état d'apprécier la valeur des garanties qui résulteraient de l'adoption générale de l'idée de **M.** Mirès, nous avons cru utile d'examiner d'abord la théorie, puis la façon dont elle est appliquée, et, subsidiairement, la situation de la Caisse générale des chemins de fer qui se rend garante du capital apporté par les souscripteurs des actions de Pampelune.

Tel est l'objet de cette brochure.

Voici donc la nouvelle doctrine en matière d'association, ainsi qu'elle est formulée par son auteur dans une lettre adressée au rédacteur en chef d'un journal quotidien, et reproduite par tous les journaux :

Monsieur le rédacteur en chef,

Les questions d'association jouent un si grand rôle dans les sociétés modernes qu'on ne peut passer sous silence ce qui est de nature à les affecter ou à les favoriser : ainsi le *Journal des Débats*, dans son numéro du 6 courant, laisse échapper une remarque qui a attiré mon attention et qui, au point de vue de l'intérêt public, mérite d'être approfondie.

Le *Journal des Débats* a rappelé « *qu'anciennement, il suffisait de proposer une souscription pour disposer des millions qu'elle comportait, et cela, sans engager d'autre garantie que sa confiance en son propre jugement* ».

Ce mot de *garantie* indique tout un nouvel ordre d'idées et nous reporte tout d'un bond à la législation qui, en Angleterre, a si longtemps régi l'association commerciale et industrielle. D'après cette législation, tous les associés étaient engagés, non-seulement pour le montant de leurs actions, mais aussi pour toute leur fortune, et de plus ils étaient solidaires entre eux. Il y a très peu d'années que les lois anglaises ont admis le principe de la garantie limitée, comme en France, au chiffre des actions souscrites.

Certainement le principe de la responsabilité illimitée était fâcheux, en ce sens qu'il entravait le développement des sociétés commerciales et industrielles ; mais, sous un autre rapport, on doit convenir qu'il donnait aux sociétés fondées sous l'empire de cette législation une force et une puissance qui n'ont pas été étrangères au développement de la richesse nationale de l'Angleterre, en créant la foi dans l'association.

En France, l'application d'un tel principe eût été un empêchement radical à toute société. Néanmoins, il serait fâcheux que l'association, cette puissance qui seule permet, en agglomérant les capitaux, de féconder par le travail la richesse de la France, fût pour ainsi dire annulée ; il serait, disons-nous, regrettable qu'il ne fût plus possible de créer en France une société de capitaux, parce que l'expérience de ces dernières années a amené des mécomptes. Le découragement qui s'en est suivi et que signale le *Journal des Débats* est, à notre avis, exagéré et disproportionné aux causes qui l'ont fait naître ; mais enfin il existe, et la preuve en est que, dans ce moment, on ne peut obtenir aucun concours pour les entreprises les meilleures, et qui paraissent les plus solides.

Évidemment, cet état des esprits se maintiendra tant que le public ne trouvera pour garantie, comme dit le *Journal des Débats*, que la confiance des fondateurs en leur propre jugement.

Oui, pour fonder des entreprises qui inspirent une confiance absolue, il faut rassurer les actionnaires contre les déceptions dont ils ont été victimes ; et, si l'on ne peut garantir le cours des actions contre les variations qu'enfanteraient l'état du marché ou les événements politiques, on devrait, au moins, chercher le moyen de garantir les actionnaires contre la perte de leur capital , cette perte qui n'a pu survenir que par l'absence de revenus. Les fondateurs et les banquiers doivent désormais se préoccuper de donner aux souscripteurs autre chose que leur garantie morale ; car, on l'a vu trop souvent, cette garantie n'a pas suffi pour éviter des sinistres qui ont affecté la fortune publique.

Il est, en effet, certain que, si les fondateurs et les banquiers répondaient du succès des entreprises, non pas au point de vue du cours de la Bourse, ce qui est hors de leur pouvoir, mais quant à la garantie d'un revenu raisonnable, les désastres dont nous avons été témoins ne se seraient pas produits ; car, s'il est toujours possible de prévoir et de garantir le revenu de certaines entreprises, comme les chemins de fer, par exemple, et les entreprises de transports en général, les Compagnies d'éclairage au gaz, etc., qui tirent leurs bénéfices d'une exploitation régulière dont le minimum peut être facilement établi, il est, en revanche, d'autres affaires purement commerciales ou purement financières, soumises à toutes les chances aléatoires qui résultent de la hausse ou de la baisse des marchandises et des valeurs, et qui, par conséquent, sont soumises à des alternatives telles que, sans imprudence aucune de la part des fondateurs ou des directeurs, elles peuvent donner, selon le temps, d'immenses bénéfices ou des pertes énormes.

Quelques exemples éclairciront ma pensée :

Ainsi, lorsque la Société du Crédit mobilier français a créé la Compagnie parisienne du gaz, la Compagnie générale des omnibus, la Société des chemins autrichiens, elle n'aurait sans doute pas hésité, si cela eût été nécessaire, à garantir que les actions de ces entreprises étaient assurées d'un revenu raisonnable, car il y avait certitude de produits, fondée sur une exploitation normale et permanente ; mais cette Société n'aurait pas donné une assurance de ce genre pour telle autre entreprise dont les opérations , malgré de grandes probabilités de profit, présentaient des chances inconnues et aléatoires qui ne permettaient pas d'établir une base de revenu.

Si du Crédit mobilier nous passons à M. de Rothschild, le même ordre se présente. Certainement cette grande maison et les banquiers qui ont formé un syndicat avec elle n'auraient pas reculé devant l'assurance d'un revenu sur les actions des chemins lombards-vénitiens, mais elle n'aurait pas pris d'engagement semblable pour une société purement de crédit, qui, malgré d'heureuses perspectives qu'autorisait la situation financière, aurait été soumise à toutes les alternatives de la spéculation et à toutes les fluctuations du marché des fonds publics.

Nous ne disconvenons pas que des garanties de cette nature données aux actionnaires auraient réduit le nombre des affaires offertes au public ; mais celles qui se seraient faites sous l'empire de ces garanties auraient présenté un caractère tel qu'elles auraient commandé la confiance et créé, comme en Angleterre, la foi dans l'association. Le pays aurait ainsi échappé à des déceptions cruelles qui ont nui au crédit public, moins par le chiffre même des pertes subies que par le découragement qui en est résulté.

On trouvera peut-être que le fondateur de tant de sociétés est mal venu à tenir ce langage. Je répondrai, pour mes amis comme pour mes ennemis, que toutes les sociétés que j'ai fondées présentent un caractère complet de sécurité ; que, si le cours des actions de ces sociétés est plus ou moins affecté, les entreprises elles-mêmes sont foncièrement bonnes, et que, si elles ne donnent pas encore tous les résultats auxquels on peut prétendre, c'est qu'elles sont ou dans la période de construction, ou au début de l'exploitation ; aussi ai-je le droit de m'expliquer, comme je le fais, dans le but de provoquer des bases nouvelles d'association, bases qui donneraient aux actionnaires des garanties effectives contre le retour des déceptions qui ont eu lieu et qui contribuent encore à restreindre le développement des richesses industrielles et commerciales de la France.

On conviendra, en effet, qu'il est probable qu'à l'avenir les actionnaires hésiteront à donner leur concours à des entreprises dont l'étude leur échappe, et qu'ils ne s'y associeront plus, comme dans le passé, par la seule confiance dans le nom qui les patronne. Ils craindront que les fondateurs ne profitent d'un moment de faveur pour vendre ou céder l'intérêt qu'ils peuvent avoir dans l'entreprise. Les actionnaires perdent ainsi leur unique garantie, la garantie morale, qui, seule, a déterminé les souscriptions. C'est malheureusement l'état de choses qui existe depuis longtemps, et contre lequel des garanties doivent être données. Ces garanties, quelles seront-elles ? Telle est la question que le temps devra résoudre.

Si vous croyez utile, Monsieur le rédacteur, de publier ma lettre, recevez d'avance tous mes remercîments.

Agréez, Monsieur le rédacteur, l'assurance de mes sentiments de haute considération.

J. Mirès.

Élaguons d'abord de cette lettre les inutilités, les phrases parasites et les analogies fausses. Nous ne comprenons guère, par exemple, l'intention de l'auteur lorsqu'il se reporte à l'ancienne législation anglaise relative aux associations commerciales et industrielles. Pour les tiers, cette législation pouvait présenter des avantages ; mais pour les actionnaires, elle était excessivement sévère, puisqu'elle ne limitait pas leur responsabilité. Or, de quoi s'agit-il ? Quel est le rêve dont M. Mirès poursuit la réalisation ? Ce n'est pas d'augmenter les charges des actionnaires, mais, au contraire, d'entourer leurs capitaux de tant de garanties qu'il n'y ait plus de risque de perte pour eux, et que, n'ayant plus ni à étudier une affaire, ni à se fier à la bonne foi et à la capacité des hommes qui en ont pris l'initiative, ils puissent y engager ces mêmes capitaux avec une confiance aveugle.

La comparaison de notre législation et de nos usages avec l'ancienne législation et les usages de l'Angleterre constitue donc, dans l'espèce, un de ces contre-sens qu'on ne peut expliquer que par l'embarras où place toujours le développement d'une doctrine fausse, à moins qu'il ne faille y voir le puéril désir de se conformer à une tradition usée et de faire étalage d'érudition, en parlant, à propos d'un système économique, de l'Angleterre, cette terre classique de l'économie politique.

M. Mirès, créateur d'un grand nombre d'entreprises par actions, a eu bien souvent l'occasion de s'apercevoir que le public se laissait aisément séduire par l'appât grossier des magnifiques promesses ; il a vu que les noms connus et surtout les annonces pompeuses exerçaient sur les masses une prompte et irrésistible influence. D'un autre côté, son expérience l'a mis à même de reconnaître que la plupart de ces promesses dorées — sinon toutes — ne se réalisaient jamais ; et, dressant le bilan des mécomptes et des déceptions éprouvés par les actionnaires, il conclut « qu'à l'avenir, les actionnaires hésiteront à donner leur concours à des entreprises dont l'étude leur échappe, et qu'ils ne s'associeront plus, comme dans le passé, par la seule confiance dans le nom qui les patronne. »

Nous reconnaîtrons volontiers que M. Mirès n'a pas absolument tort dans ses accusations contre les fondateurs et gérants d'entreprises industrielles. Il sait d'ailleurs mieux que nous à quoi s'en tenir à cet égard, quand ce ne serait que par sa position de fondateur ou de gérant d'une multitude d'affaires industrielles auxquelles nous souhaitons un avenir plus prospère que leur présent et leur passé. Nous croyons aussi que de trop nombreux mécomptes ont diminué l'engouement du public pour les sociétés par actions. Tout ceci bien entendu, mais en reprochant à M. Mirès de trop généraliser ses accusations, nous n'en différons pas moins d'avis quant aux moyens à employer pour ramener la confiance, et surtout pour prévenir le retour des abus.

Afin de conjurer le danger qu'il redoute, c'est-à-dire la ruine complète de l'association, « cette puissance qui seule permet, en agglomérant les capitaux, de féconder par le travail les richesses de la France », M. Mirès demande aux fondateurs de sociétés par actions de garantir aux actionnaires un *revenu raisonnable.*

Voilà tout le système : il pouvait s'exprimer en quatre lignes. M. Mirès s'est cru obligé d'écrire une longue lettre pour le développer, et, par un de ces effets d'amplification qui n'appartiennent qu'à lui, pour l'obscurcir. Malheureusement, ce système a le grave inconvénient d'être absolument impraticable, et il faut être à une époque comme la nôtre, c'est-à-dire, à une époque de crédulité presque générale, pour avoir osé faire aussi bon marché du respect qu'on se doit à soi-même, en étalant pompeusement une théorie si puérile et si niaise.

Garantir un *revenu raisonnable*, comme le dit M. Mirès, ou garantir le capital, c'est absolument la même chose, puisque au bout d'un certain laps de temps le revenu capitalisé recompose le capital dans son intégrité,

Pour bien poser la discussion et son point de départ, disons donc que M. Mirès veut que le capital apporté par les actionnaires soit garanti par les fondateurs. Ce principe admis, il ne s'agit plus que de rechercher le moyen pratique de *garantir* réellement, effectivement, le porteur d'actions contre tout risque de perte.

Nous n'en voyons qu'un : ce serait de donner hypothèque pour le montant des sommes demandées.

Est-ce possible et praticable? Y a-t-il un avantage pour des fondateurs à donner un gage matériel de leurs appréciations? Ont-ils une raison plausible pour le faire?

Telles sont les premières questions que nous avons à examiner et à résoudre.

Pour une affaire isolée, il serait, sans doute, possible de donner cette hypothèque légale, ce gage matériel qui, seul, garantirait effectivement l'actionnaire contre toute éventualité fâcheuse. Prenant pour exemple M. Mirès lui-même, nous admettrons comme chose prouvée, bien qu'elle ne le soit pas, qu'ayant à demander au public un capital de 15 millions, par exemple, il ait la possibilité de justifier d'une fortune personnelle qui lui permette de donner une hypothèque matérielle garantissant sérieusement ce capital de 15 millions.

Mais il n'aurait aucun motif raisonnable d'agir ainsi, puisqu'en définitive, le capital demandé étant *réellement* garanti par lui, ce ne sont pas des associés qu'il lui faudrait, mais tout simplement des prêteurs ; et il en trouverait facilement, et à de bonnes conditions, dans la situation de fortune où nous le supposons.

Toutefois, admettons, par un effort de complaisance, que des fondateurs d'entreprises, ayant plus de valeurs immobilières que d'espèces, préfèrent des associés à des prêteurs, tout en offrant aux premiers des avantages supérieurs à ceux qu'on serait tenu d'offrir aux seconds. Dans ce cas, une autre objection non moins forte vient sur-le-champ renverser le système et l'hypothèse. L'application du système ne pourrait être générale, et il n'y a plus de système, s'il n'est susceptible que d'une application exceptionnelle. En effet, les fondateurs habituels d'entreprises ne pourraient, quels qu'ils fussent, donner une garantie *effective*, c'est-à-dire fournir une hypothèque pour tous les capitaux qu'ils appellent. MM. de Rothschild et Péreire, nommés dans la lettre de M. Mirès, ne seraient pas plus que d'autres en situation de donner un gage matériel pour toutes les affaires qu'ils prennent sous leur patronage. Si riche que soit M. de Rothschild, il est avant tout un financier trop sérieux pour ne pas reconnaître, tout le premier, que son immense fortune est très certainement inférieure à la somme totale des capitaux employés dans les grandes entreprises fondées par lui.

Ainsi, en tant que garantie effective, matérielle, le système de garantie proposé est impraticable. Le gouvernement seul est apte à donner une garantie illimitée, parce que l'hypothèque sur laquelle repose l'exécution de ses engagements, c'est la fortune publique.

Il ne faut donc pas comprendre cette expression de garantie dans son sens le plus étroit, et, pour donner à la théorie une portée pratique quelconque, il faut supposer que par « garantie » on entend simplement « responsabilité engagée. »

C'est bien différent !

En effet, dans ces termes, quelle valeur peut-on accorder à la proposition de M. Mirès ? Comment, il ne reconnaît pas au public l'aptitude nécessaire pour apprécier une affaire, et il suppose qu'il pourra se renseigner plus utilement sur la situation réelle de celui qui lui offre, comme garantie certaine, sa... responsabilité ! Alors son système n'est plus un système dispensant de toute étude, puisqu'il laisse toujours un examen à faire, et un examen des plus difficiles et des plus incertains. Sait-on jamais la position exacte d'un financier ou d'un établissement financier ? Pour ne citer qu'un exemple, nous rappellerons à ceux qui ont suivi le mouvement des affaires, dans ces dernières années, la chute de la *Société générale des Caisses d'escompte*, émule de la *Caisse générale des chemins de fer*. Qui se serait douté, même après le départ de Paris du gérant de cette entreprise, que ce départ dissimulait une fuite et était causé par un état financier si déplorable que la liquidation de cette société ne produira peut-être rien pour les actionnaires ? Huit jours avant son éloignement du siége social, ce gérant eût pu offrir sa « responsabilité » ; personne n'aurait eu la pensée d'émettre un doute sur sa valeur.

Voyons maintenant, au point de vue du bon sens et de la loi, ce qu'est un contrat par lequel l'un des associés donne à ses coassociés une garantie contre les chances de perte.

Une pareille clause est exorbitante et radicalement nulle. Elle est exorbitante, car il est contraire à tous les principes que des bénéfices attachés à des chances aléatoires soient attribués à qui ne court pas l'aléa des chances contraires. Un tel contrat est vicié à sa source, ou, pour mieux dire, il renferme une contradiction qui le rend impossible : dès que le capital engagé dans une opération est garanti contre le risque de perte, le prétendu apport d'espèces devient un prêt véritable et soumis, comme tel, aux lois qui régissent le prêt à intérêt. Aussi, le jour où un actionnaire voudrait se prévaloir des engagements contractés à son égard, l'obligé, c'est-à-dire le fondateur, puisqu'il s'agit de fondateur, lui répondrait, en tout droit et raison, que la prétention est usuraire, et que, pour cette cause, elle doit être repoussée, comme elle doit l'être encore par un autre moyen tiré de l'article 1855 du Code Napoléon, ainsi conçu :

« La convention qui donnerait à l'un des associés la totalité des béné-« fices est nulle. — *Il en est de même de la stipulation qui affranchirait de* « *toute contribution aux pertes les sommes ou effets mis dans le fonds de la* « *société par un ou plusieurs des associés.* »

Il suit de là que les fondateurs d'entreprises qui auraient donné une hypothèque matérielle pourraient la dégager, et que ceux qui n'auraient engagé que leur « responsabilité » ne pourraient être contraints de tenir les conditions d'un contrat que la loi déclare nul.

Or, quelle est la valeur d'un contrat qui ne peut pas recevoir de sanction légale et contre lequel peuvent plaider, non-seulement les ayant-droit, créanciers ou héritiers de celui qui l'a souscrit, mais encore l'obligé lui-même ?

La question se tranche d'elle-même. Ce contrat est sans valeur : c'est une fiction ou un leurre.

Au résumé, que reste-t-il de cette prétendue innovation que M. Mirès nous donne comme une réminiscence des principes d'association qui ont si merveilleusement favorisé le progrès industriel et commercial de l'Angleterre? Une vaine utopie exposée en termes précieux et boursouflés.

Est-ce bien d'ailleurs à un financier véritable, à un savant économiste, à un publiciste réfléchi que nous avons affaire dans la personne de M. Mirès ? En vérité, on pourrait en douter. La première qualité du financier et de l'économiste consiste à éloigner de ses raisonnements le paradoxe et le sophisme. Or, n'est-ce pas un vrai sophisme que cette distinction arbitraire entre certaines opérations dont il est « toujours possible de prévoir et de garantir le revenu », et certaines autres « purement commerciales ou purement financières, soumises à toutes les chances aléatoires qui résultent de la hausse ou de la baisse des marchandises et des valeurs? »

Sans doute, il y a des entreprises plus ou moins soumises à l'*alea*, mais toutes, sans exception, subissent sa loi, comme elles subissent, toutes sans exception, les conséquences de la hausse ou de la baisse des marchandises et des valeurs.

La hausse ou la baisse qui, suivant M. Mirès, affectent spécialement les affaires *purement commerciales* ou *purement financières*, atteignent aussi bien les entreprises industrielles de toute nature, chemins de fer ou autres : la hausse des marchandises, par l'élévation du prix des matières nécessaires à l'exploitation; la baisse des valeurs, par la stagnation des affaires, qui atteint les entreprises de transport ou d'éclairage comme toutes autres.

En affaires, ce principe doit être posé, surtout par les hommes qui écrivent : il n'y a jamais de *certitude*, il n'y a que des présomptions.

Par respect d'eux-mêmes, par respect de la vérité et des principes qui forment la loi morale des affaires, ni le Crédit mobilier, ni M. de Rothschild n'auraient jamais assumé la responsabilité des opérations dans lesquelles ils ont le plus de confiance; et, on peut le dire, sans crainte de recevoir un démenti, jamais les banquiers sérieux et honnêtes, jamais les hommes honorables de l'industrie ne prendront de tels engagements.

Du reste, nous n'entendons pas fermer les yeux sur le mal réel signalé par l'auteur de cet étrange système. Sans doute, il est regrettable que l'esprit d'association ait toujours procédé chez nous par soubresauts, par périodes de surexcitation et d'atonie. Mais la faute en est à qui? A ceux qui l'ont mal dirigé et conduit en aveugle à ces déceptions et ces mécomptes dont ils déplorent aujourd'hui le contre-coup. C'est toujours la spéculation qui a compromis en France l'association; et, quand nous nous servons de ce mot *spéculation*, nous ne voulons point parler de celle qui, sincère dans son but, honnête dans ses moyens, se meut régulièrement dans les plus larges sphères du crédit public, nous entendons parler de celle qui, sans conscience comme sans scrupules, n'emprunta jamais son existence qu'à la fièvre du moment.

Telles sont les véritables plaies de l'association, celles auxquelles la loi de juillet 1856, dont M. Mirès se montre en toutes circonstances l'adversaire acharné, le détracteur irréconciliable, a apporté un remède bien plus efficace que tous les songes creux des spéculateurs aux abois, épouvantés du vide qui se fait autour d'eux.

La nouvelle législation en matière de sociétés par actions aura pour effet, nous l'espérons, de prévenir le retour de la plupart des abus qui avaient déconsidéré particulièrement les sociétés en commandite, et de ranimer peu à peu la confiance, lasse de ses échecs. Le plus sage est donc d'attendre patiemment ce retour des capitaux aux affaires, sur un terrain plus stable et mieux assuré, sans chercher à en devancer l'heure à l'aide d'un donquichottisme de garantie qui ne peut abuser personne de sensé.

II

De la garantie attribuée aux actions du chemin de fer de Pampelune à Saragosse.

La *garantie* donnée aux souscripteurs des actions du chemin de fer de Pampelune résulte d'un engagement, sous forme d'annonce et de prospectus, dont voici le texte :

CHEMIN DE FER DE PAMPELUNE A SARAGOSSE.

Émission de 30,000 actions de 500 francs.

CAPITAL GARANTI.

Les directeurs de la Caisse générale des chemins de fer, convaincus que les actionnaires doivent avoir d'autres garanties que les appréciations des fondateurs des entreprises industrielles, veulent joindre la pratique à la théorie en substituant la responsabilité matérielle à la responsabilité morale des fondateurs.

En conséquence, après avoir étudié le chemin de Pampelune à Saragosse, ils s'engagent, tant en leur nom personnel que comme directeurs-gérants de la Caisse générale des chemins de fer, à rembourser les actions à 500 fr. si un an après l'exploitation, c'est-à-dire au 1er janvier 1862, les actions tombaient au-dessous de ce prix. Ce remboursement s'opérerait dans le mois suivant, soit du 1er au 31 janvier 1862, à moins d'une fusion ou d'un rachat qui attribuerait aux actions une valeur supérieure, comme par exemple dans le projet de traité préparé entre les représentants des deux compagnies de Pampelune à Saragosse et de Saragosse à Madrid, et qui se résume ainsi :

Concession de l'exploitation au chemin de Saragosse à Madrid pendant cinquante ans, moyennant 40 à 50 0/0 de frais d'exploitation, selon l'importance des recettes.

Faculté de rachat accordée à la Société de Saragosse à Madrid, après une certaine période d'exploitation entière de la frontière de France à Madrid, mais à un chiffre qui ne pourrait être inférieur à **17,000 fr.** net par kilomètre, avec capitalisation à 6 0/0, ce qui représenterait un prix minimum de **725 fr.** par action.

Ainsi les actions de Pampelune à Saragosse jouissent des avantages suivants :

Intérêts fixes à 6 0/0, payables par semestre à Paris et à Madrid ;

Garantie contre la baisse des actions, qui ne peuvent descendre au-dessous de 500 fr. ;

Probabilité d'accroissement de capital d'environ 45 0/0.

RÉPARTITION DES ACTIONS.

Le capital de la Société est de 55,000 actions qui se trouvent ainsi réparties :

	Actions.
A M. J. de Salamanca	11,000
A la Caisse générale des chemins de fer et à divers intéressés.	14,000
Souscription ouverte pour.	30,000
Montant égal au capital social.	55,000

CONDITIONS DE LA SOUSCRIPTION.

Les actions sont de 500 fr. entièrement libérées ;

Elles produisent un intérêt de 6 0/0, jouissance du 1er janvier 1860.

Le payement des intérêts et dividendes s'opère par semestre, les 1er juillet et 1er janvier de chaque année :

A Paris, chez MM. J. Mirès et Ce ;

A Madrid, chez M. J. de Salamanca.

La souscription pour 30,000 actions restera ouverte du lundi 26 mars au samedi 7 avril.

Le versement en souscrivant est de 200 fr. par action.

Le complément, soit 300 fr. par action, devra être opéré dans les dix jours qui suivront l'avis de la répartition.

On souscrit :

A Paris, chez MM. J. Mirès et Ce, rue Richelieu, 99.

A Madrid, chez M. J. de Salamanca.

Dans les villes où la Banque de France a des succursales, on peut verser au crédit de MM. J. Mirès et Ce.

Les directeurs de la Caisse générale des chemins de fer, en ouvrant dans des conditions nouvelles la souscription aux actions du chemin de Pampelune à Saragosse, c'est-à-dire en ajoutant aux avantages de l'entreprise la garantie du capital, ne se dissimulent pas l'importance de cet acte ; ils en acceptent toute la responsabilité, parce qu'elle est la meilleure preuve de la certitude de leurs études sur la valeur et l'avenir de l'entreprise.

Cependant, cette responsabilité ne les dispense pas de faire connaître tout ce qui se rattache à cette Société, de fournir tous les éléments qui peuvent servir à faire apprécier, comme ils l'ont fait eux-mêmes, la valeur du chemin de Pampelune à Saragosse, section la plus importante de la ligne de France à Madrid.

Situation du chemin.

Le chemin de Pampelune à Saragosse s'embranche près de la frontière de France, sur la ligne du Nord de l'Espagne, concédée au Crédit mobilier espagnol et cédée à une société de capitalistes composée de MM. E. J. Pereire, B. Fould, Seillière, duc de Galliera, Urribaren et Cᵉ, E. Delessert, Biesta, Grieninger, d'Eichthal, Salvador, à la Société générale de Belgique, etc., etc.

Le chemin de Pampelune se relie en outre, à Saragosse, au chemin de Saragosse à Madrid, dont les travaux sont confiés à la Société de Crédit commercial fondée à Madrid par M. de Rothschild, et dont la concession a été transportée postérieurement à MM. de Rothschild et aux administrateurs du Grand-Central français.

Le chemin de Pampelune a **187** kilomètres, et forme la tête de ligne entre la France et l'Espagne.

Il dessert les pays les plus riches, les mieux cultivés et les plus populeux de l'Espagne : la Navarre et l'Aragon.

Il forme une section importante de la ligne de jonction de la Méditerranée à l'Océan par Barcelone, Saragosse, Alfano et Bilbao.

On sait que les communications entre la France et l'Espagne se concentrent presque exclusivement sur les lignes qui, partant de la frontière de France, par Bayonne, se dirigent, l'une, celle du Nord de l'Espagne, vers Madrid et les ports de l'Océan ; l'autre, celle de Pampelune et de Saragosse, vers Madrid et les ports de la Méditerranée. Or, d'après les plans des ingénieurs espagnols, la différence de parcours entre les deux chemins est d'environ **80** kilomètres en faveur du chemin de Pampelune.

Constitution légale de la Société.

Par décret royal de la reine d'Espagne, en date du **14** décembre **1859**, les statuts de la Société ont été approuvés et la constitution en Société anonyme a été autorisée.

Conseil d'administration.

MM. le général Fernandez de Cordoba, marquis de Mendigoria, ancien président du conseil des ministres ; le général Ros de Olano, conde de la Almina, ancien ministre, directeur de l'infanterie ; A. Llorente, ancien ministre des finances ; Rhoda, ancien ministre de Fomento (travaux publics) ; Alvarez, ancien conseiller royal ; J. de Zaragoza, ancien conseiller royal ; M. B. de Castro, ministre plénipotentiaire d'Espagne à Turin, ancien conseiller royal ; Carriquiri, banquier à Madrid ; de la Gandara, général de brigade ; José de Salamanca, ancien ministre ; le général de Lersundi, ancien ministre, député ; le comte de Chassepot, membre du conseil général de la Somme ; Jules Mirès, banquier ; Félix Solar, banquier ; le vicomte de Richemont ; Jules Carvallo, ingénieur des ponts et chaussées; Louis Raynouard; Adolphe Cochery, avocat; Charles Bocher, ancien officier d'état-major.

Capital social.

Le capital social est composé comme suit :

55,000 actions de 500 fr.	27,500,000 fr.
Obligations	12,500,000
Ensemble. . .	40,000,000 fr.

Achèvement de la ligne et dépenses d'établissement.

Aux termes de l'article 6 des statuts, **M. J.** de Salamanca s'oblige envers la Société à livrer le chemin entièrement achevé, pendant l'année courante 1860, avec son matériel fixe et roulant, les gares, ateliers, terrains, télégraphe électrique et autres accessoires, le tout en état d'être mis en pleine exploitation, de Pampelune à Saragosse.

Le prix du chemin, fixé à forfait par les statuts et le traité de construction, est de 200,000 fr. par kilomètre.

Revenus probables.

Le trafic probable de la ligne de Pampelune à Saragosse, d'après la circulation de voyageurs et marchandises puisée aux sources les plus authentiques, telles que les registres des droits communaux et les Portazgos, donnera un revenu brut d'environ 34,000 francs par kilomètre, ou de 6,350,000 francs pour la ligne entière.

Aux termes du traité projeté avec la ligne de Saragosse à Madrid, l'exploitation aurait lieu à 40 p. 100, et donnerait un revenu net de 3,810,000 fr., qui, déduction faite du service des obligations, laisserait une somme disponible de 3 millions, ou environ 57 francs par action. Si un traité analogue à celui projeté avec la Société de Saragosse à Madrid se réalisait, le rachat se ferait, dans ce cas, sur une capitalisation à 6 p. 100, et le prix de chaque action serait alors de 950 fr.

Il faut en outre remarquer que cette évaluation est relative aux probabilités de revenus calculés d'après la circulation actuelle; mais si l'on ajoute les produits de la ligne de l'Océan à la Méditerranée, et si on considère que le chemin de Pampelune à Saragosse est une tête de ligne comme les chemins de Paris à Orléans, de Paris à Amiens, de Paris à Lyon ou de Paris à Rouen, on comprendra tout l'avenir de cette entreprise.

Négociations pour l'exploitation et la cession du chemin.

Ainsi qu'on l'a remarqué, le chemin de Pampelune à Saragosse, par sa situation privilégiée, commande la ligne du Nord de l'Espagne par l'économie du parcours, et le chemin de Saragosse à Madrid, parce qu'il en est la section la plus importante. Cette situation explique les négociations qui ont été engagées entre les représentants des Compagnies de Pampelune à Saragosse et de Saragosse à Madrid.

Voici, du reste, le résumé du traité préparé :

La Société de Saragosse à Madrid s'engagerait à exploiter le chemin de Pampelune moyennant une dépense qui varierait entre 50 et 40 p. 100, selon l'importance des recettes, sous la condition imposée à la Société de Pampelune d'accorder au chemin de Saragosse à Madrid le droit d'acheter le chemin de Pampelune, après une certaine période d'exploitation entière de la frontière à Madrid. Ce rachat aurait lieu à raison d'un produit net *minimum* de 17,000 francs par kilomètre, capitalisé à 6 p. 100, ce qui représenterait un prix de 725 francs par action en faveur du chemin de fer de Pampelune, soit un bénéfice de 45 p. 100.

Ce projet de traité n'étant pas encore devenu définitif par la ratification des conseils d'administration, l'émission préalable des actions a été décidée.

RÉSUMÉ.

1° Garantie du capital.

2° Intérêt à 6 0/0.

3° Probabilité d'accroissement de capital de 45 0/0.

4° Garantie contre l'exagération des dépenses par un traité de construction à forfait de 200,000 francs par kilomètre.

5° Le chemin de Pampelune forme la section la plus productive de la ligne qui, partant de la frontière de France, va à Madrid.

6° Il réduit relativement de 80 kilomètres la distance de la frontière de France à Madrid.

7° Il forme une section importante du chemin de jonction de la Méditerranée à l'Océan par Barcelone, Saragosse, Alfaro et Bilbao.

8° Enfin, nulle charge, nul embranchement ne grève son exploitation.

J. MIRÈS, FÉLIX SOLAR.

Précisons d'abord la situation respective des parties contractantes.

Il est bien évident que la *Caisse générale des chemins de fer*, restant propriétaire, au moment de l'émission des 30,000 actions, de 14,000 autres actions, est, par rapport aux souscripteurs qu'elle appelle, un coassocié véritable. Il est certain que MM. Mirès et Solar, personnellement, sont également coassociés des actionnaires de Pampelune à Saragosse, nonseulement comme gérants de la *Caisse générale des chemins de fer*, mais encore comme « administrateurs » du chemin de Pampelune à Saragosse.

Or, nous avons vu, dans la première partie de cet opuscule, que l'article 1855 du Code Napoléon frappe de nullité les stipulations léonines entre associés. Il suit de là que l'engagement pris au nom de la *Caiss générale des chemins de fer* n'est pas susceptible de recevoir de sanction judiciaire, et que cette Société ou ses ayant-droit pourront décliner, quand ils le voudront, la valeur légale d'un contrat que la loi ne reconnaît pas. Il en est de même de MM. Mirès et Solar. Rien ne les obligera à tenir leur engagement. Ils s'en affranchiront en ne reprenant pas les actions garanties, et si les porteurs de ces titres veulent s'adresser aux tribunaux pour obtenir le remboursement promis, les tribunaux repousseront leur demande.

Qu'est-ce donc qu'une *garantie* qui ne peut pas s'exercer ? Quelle est la valeur d'un contrat auquel la loi refuse sa sanction ?

Toutefois, laissons pour un instant l'article 1855 de côté et recherchons loyalement, mais avec autant de soin que possible, si la promesse de remboursement, en admettant qu'elle pût être admise par les tribunaux, est une garantie de quelque valeur pour les actionnaires du chemin de Pampelune à Saragosse.

Si nous démontrons,

1° Que les actionnaires de Pampelune à Saragosse n'ont pas de *titre* suffisant pour exiger plus tard de la *Caisse générale des chemins de fer* et de ses gérants le remboursement au pair stipulé en leur faveur;

2° Que les Statuts de ladite *Caisse* n'autorisaient pas les gérants à engager la responsabilité de la société qu'ils administrent;

3° Que la responsabilité *personnelle* promise n'avait pas besoin d'être stipulée expressément pour qu'elle fût engagée;

4° Que l'obligation contractée n'a nullement l'importance qu'on cherche à lui donner;

5° Qu'en admettant même que les responsabilités engagées eussent toute l'étendue qu'on est naturellement disposé à leur attribuer, il sera facile à MM. Mirès et Solar de se soustraire personnellement aux conséquences de la garantie qu'ils offrent.

Si nous parvenons, disions-nous, à faire clairement ces diverses démonstrations, il restera acquis que cette fameuse garantie, dans la forme où elle est offerte et indépendamment du vice radical dont elle est frappée légalement, n'est qu'une mauvaise plaisanterie, une mystification, une jonglerie, un leurre.

1° Le seul titre qu'auront les actionnaires de Pampelune pour exiger leur remboursement consiste, à notre connaissance, dans les annonces publiées et dans le prospectus qui était délivré, pendant le temps de la souscription, dans les bureaux de la *Caisse générale*. Il faudra donc conserver soigneusement et classer parmi les papiers importants un numéro de journal ou un fragment de papier imprimé. Or, de tels documents sont faciles à égarer, et, en cas de perte, on ne parviendrait à les remplacer qu'après de laborieuses et onéreuses recherches, en feuilletant de nombreuses collections de journaux dont les exemplaires pourraient être épuisés.

Mais ce morceau de papier imprimé, que le temps maculera et qui aura bon air à être déployé devant les tribunaux, s'il y a lieu, constitue-t-il un titre suffisant pour être invoqué en justice? C'est une question qui nous semble devoir être résolue négativement. Comment une simple annonce, un prospectus, un morceau de papier imprimé pourrait-il avoir ce caractère de certitude et d'authenticité indispensable aux contrats soumis aux sérieux examens des magistrats?

2° La responsabilité de la *Caisse générale des chemins de fer* est engagée par ses gérants. Avaient-ils le droit de contracter au nom de leurs actionnaires une aussi grave obligation? A cet égard, il ne peut pas y avoir deux opinions, et nous pouvons affirmer, sans crainte de rencontrer un seul contradicteur sérieux, que MM. Mirès et Solar n'avaient pas le pouvoir de faire supporter aux actionnaires de la *Caisse* une éventualité de perte aussi lourde. Les statuts de la société Mirès et Cie définissent les opérations sociales, et on n'y trouve rien qui justifie le droit que s'arrogent arbitrairement les gérants.

Existe-t-il, du moins, une décision d'assemblée générale autorisant le traité tacite passé entre les gérants de la *Caisse générale* et les actionnaires de Pampelune? Nous n'en connaissons pas. Et d'ailleurs, si une telle décision eût été prise en assemblée générale — ce qui n'est pas — il est permis de se demander si cette décision pourrait être imposée à la minorité; car un pareil vote constituerait une de ces importantes modifications statutaires que les assemblées générales n'ont le pouvoir d'adopter et de rendre obligatoire qu'autant que tous les actionnaires, même ceux non présents à l'assemblée, consentent à la ratifier.

3° MM. Mirès et Solar promettent aux actionnaires de Pampelune, non-seulement la garantie de la *Caisse générale*, mais encore leur garantie *personnelle*. On se figure qu'ils prennent là un engagement *extraordinaire* auquel ils n'étaient pas naturellement soumis, et cette généreuse stipulation exerce sur le public une influence décisive. MM. Mirès et Solar ne craignant pas d'exposer leur fortune personnelle, lorsque rien ne les force à subir l'éventualité de sacrifices pécuniaires, c'est vraiment admirable! Cependant un peu de réflexion calme bien vite les élans d'enthousiasme et de reconnaissance qu'excite un pareil acte d'abnégation. Admettons que MM. Mirès et Solar n'eussent pas stipulé en leur *nom personnel*. En seraient-ils pour cela moins responsables *personnellement* des obligations contractées par la *Caisse générale* vis-à-vis des actionnaires de Pampelune? Non, certes. Comme gérants, ils sont tenus, d'après la loi, sur leurs biens personnels, de l'exécution de tous les engagements sociaux. D'où il suit qu'ils pouvaient se dispenser d'employer cette formule, et surtout de chercher à faire croire à une importance qu'elle n'a pas : « ... tant en leur nom personnel que comme gérants, etc... » ; le *nom personnel* allait de droit. Mais l'effet eût été manqué, et avant tout il fallait faire de l'effet pour stimuler la souscription. En réalité, c'est la *Caisse générale des chemins de fer*, c'est-à-dire des actionnaires qui garantissent le capital apporté par d'autres actionnaires. La responsabilité de la Société couvre la responsabilité personnelle des gérants, qui ne sera atteinte qu'en cas d'insuffisance de la première.

4° Quelle est la portée de l'obligation contractée au profit des actionnaires de Pampelune?

A une pareille question, l'annonce doit se charger de répondre avec une parfaite clarté. Tel doit être son but. Mais quelle opinion devrait-on se faire de novateurs proposant l'introduction dans la pratique des affaires d'un nouveau système d'association, si, par des réticences et des équivoques, ce système ne répondait rien et ne recélait, en réalité, qu'un expédient, qu'une manœuvre, pour obtenir, par un appât trompeur, l'argent du public? Si la théorie a été conçue sincèrement et sérieusement, l'application doit en être faite sincèrement et sérieusement. Ce n'est pas pour rien que M. Mirès aura développé dans sa lettre cette doctrine nouvelle : « qu'il faut donner aux actionnaires des garanties positives contre la perte totale ou partielle de leur capital, et leur épargner l'étude des affaires, étude qu'ils ne peuvent pas faire fructueusement. »

L'annonce ci-dessus transcrite, les prospectus et jusqu'aux bulletins de souscription, sont rédigés de manière à ce que tout souscripteur ayant lu la lettre-programme, ne puisse mettre en doute l'ampleur de la garantie offerte. En effet, ces annonces, prospectus et bulletins de souscription portent en tête et en caractères apparents ces mots magiques : Capital garanti.

Le prospectus et l'annonce débutent en annonçant que les directeurs de la Caisse générale des chemins de fer, « convaincus que les actionnaires doivent avoir d'autres garanties que les appréciations des fondateurs des entreprises industrielles, veulent *joindre la pratique à la théorie* en substituant la responsabilité matérielle à la responsabilité morale des fondateurs. »

Ce texte est précis : il ne permet pas de supposer que la garantie proposée ne soit pas entendue dans le sens le plus large.

Mais ce n'est point tout ; et, pour qu'il n'existe aucun doute sur la portée de l'engagement, MM. Mirès et Solar ajoutent plus loin dans ces mêmes prospectus et annonces : « Les directeurs de la Caisse générale des chemins de fer, en ouvrant dans les conditions nouvelles la souscription aux actions du chemin de Pampelune à Saragosse, c'est-à-dire, en *ajoutant aux avantages de l'entreprise la garantie du capital*, ne se dissimulent pas l'*importance* de cet acte ; ils en acceptent toute la responsabilité. »

Enfin, dans l'énumération des avantages réservés aux actionnaires, on lit cette phrase : « Garantie contre la baisse des actions, qui ne peuvent descendre au-dessous de 500 fr. »

De pareils termes excluent d'abord toute interprétation fâcheuse. Qui pourrait s'imaginer qu'ils ne servent qu'à couvrir le plus incroyable et le plus audacieux charlatanisme ? Qui se figurerait que les directeurs de la Caisse générale des chemins de fer n'entendent pas garantir ce qu'ils promettent de garantir, c'est-à-dire le capital appelé ?

Cependant, c'est comme cela. MM. Mirès et Solar ne garantissent pas le *capital* ; ils garantissent que les actions de Pampelune à Saragosse seront cotées, le 1er janvier 1862, à 500 fr. Est-ce sérieux ? Est-ce ou n'est-ce pas une duperie, cachée sous le voile épais d'une phraséologie redondante et dont nous ne contesterons pas la déplorable habileté ?

Cet engagement restreint et sans aucune importance réelle résulte des termes du second paragraphe du prospectus, paragraphe ainsi conçu :

« ..... Ils s'engagent (les directeurs de la *Caisse générale*), tant en
« leur nom personnel que comme directeurs-gérants de la Caisse gé-
« nérale des chemins de fer, à rembourser les actions de Pampelune à
« Saragosse à 500 fr., si, un an après l'exploitation, c'est-à-dire au
« 1er janvier 1862, les actions tombaient au-dessous de ce prix. Ce
« remboursement s'opérerait dans le mois suivant, soit du 1er au 31 jan-
« vier 1862. »

Ainsi, le 1er janvier 1862, les actions sont au-dessous du pair, à 490 ou même 495 ; les porteurs ont la faculté de demander leur remboursement, et cette faculté, ils peuvent l'exercer du 1er au 31 janvier 1862 ; ce délai passé, leur droit de remboursement expire.

Si, au contraire, le 1er janvier 1862, les actions sont au pair ou au-dessus du pair, les porteurs n'ont pas le droit de demander leur remboursement, même dans le cas où, dès le lendemain, 2 janvier, les actions tomberaient bien au-dessous du prix nominal.

En présence d'un engagement de telle nature, on peut qualifier hautement *l'acte important* de MM. Mirès et Solar : il constitue un leurre qui vicie le contrat et donne aux souscripteurs des actions de Pampelune le droit d'exiger la restitution des sommes par eux versées.

On leur promet monts et merveilles, et, en définitive, on ne leur donne absolument aucune garantie, car il est toujours possible de porter transitoirement, pour un jour — comme dans l'espèce — les actions d'une Société à un cours donné. Il suffit pour cela de recourir à quelques manœuvres de bourse d'une réussite certaine. C'est l'opinion exprimée par MM. Mirès et Solar dans leur rapport à la dernière assemblée générale de la Caisse des chemins de fer (1). Ces messieurs, ayant à justifier la manière dont ils avaient établi leur inventaire et le motif qui leur avait fait repousser la cote de la bourse pour l'évaluation de quelques-unes des valeurs composant leur portefeuille, disaient : « Certes, « si les cours constatés devaient servir de base à l'estimation du capital « social, les précautions prises par la loi contre les inventaires fraudu- « leux seraient bien illusoires, car, en *commettant* à un agent l'*ordre de* « *vendre*, et à un autre l'*ordre d'acheter*, on obtiendra ainsi la constata- « tion d'un cours de fantaisie. »

5° MM. Mirès et Solar, dont la responsabilité personnelle est légalement liée à la responsabilité de la *Caisse générale*, pourraient-ils se soustraire à cette responsabilité ? Rien ne serait plus facile.

Les moyens ne manqueraient pas, sans qu'il fût besoin d'invoquer l'article 1855 du Code Napoléon. Il suffirait, notamment, de créer une société nouvelle à un petit capital, dont les actions pourraient facilement être tenues momentanément au-dessus du pair. Puis, on fusionnerait la nouvelle entreprise et celle de Pampelune. Une des conditions prévues étant ainsi remplie, la responsabilité disparaîtrait.

Bien d'autres observations pourraient encore être présentées à propos de la « garantie » offerte aux actionnaires de Pampelune. Nous pourrions ajouter, comme bien d'autres : Qu'est-ce qui garantira les garants ? Puis, partir de là pour entrer dans une foule de considérations particulières qui ne pourraient qu'exciter la malignité publique. Nous pourrions chercher à établir le bilan personnel, entrer dans le détail des recettes et dépenses des engagés : nous en aurions le droit, puisque leur fortune personnelle devient le gage de tous. Nous pourrions critiquer leurs fêtes, l'attelage de leurs carrosses, en un mot leurs dépenses de toute nature. Nous pourrions encore demander la preuve de leur solvabilité. Mais ces considérations ne sont pas de celles qu'il nous convient d'aborder.

D'ailleurs nous croyons avoir suffisamment démontré par les explications qui précèdent :

1° Que les actionnaires de Pampelune n'ont pas de titre légal suffi-

---

(1) Rapport sur l'exercice 1859 ; on le trouvera plus loin. Voir page 46, 2ᵐᵉ paragraphe.

sant pour exercer leurs droits en justice : ce titre résultant d'une simple annonce, — qui n'a, évidemment, aucun des caractères d'authenticité imposés aux contrats synallagmatiques;

2° Que la *Caisse générale* ne pouvait être engagée par les gérants, et que, dès lors, elle pourra se soustraire aux conséquences de cet engagement, sans même qu'il soit nécessaire d'invoquer l'article 1855 du C. N.;

3° Que la responsabilité personnelle des gérants n'avait pas besoin d'être énoncée pour exister; qu'en conséquence, MM. Mirès et Solar abusent de l'inexpérience de leur auditoire en présentant cette responsabilité comme une garantie *extraordinaire;*

4° Que la garantie offerte n'a nullement l'importance qu'on est tenté de lui attribuer;

5° Qu'il sera facile à MM. Mirès et Solar de se soustraire aux conséquences de l'obligation qu'ils contractent. Quant aux moyens à employer, ils n'auront que l'embarras du choix.

Il ne nous reste plus qu'à mettre en lumière quelques autres faits. Quant à la valeur de l'affaire en elle-même, nous n'en dirons rien : les moyens empiriques employés pour placer le capital ne nous renseignent que trop sur le mérite du fond.

Nous voyons, dans les annonces et dans le prospectus, qu'on appuie avec une insistance toute particulière sur «la garantie contre l'exagération des dépenses résultant d'un traité de construction à forfait de 200,000 fr. par kilomètre». Qui sait si ce prix n'est pas lui-même une exagération? Qui sait si le constructeur pourra exécuter son traité? Dans l'affaire des *chemins de fer romains*, un traité de construction garantissait aussi contre l'exagération des dépenses : M. Mirès a tenté de faire annuler en justice ce marché, dont les conditions lui paraissaient exagérées. Dans l'affaire de Portes et Sénéchas, on avait passé un traité de construction, et le constructeur n'a pu exécuter son marché. Les conventions de cette nature ne prouvent donc rien d'une manière absolue.

Pourquoi M. de Salamanca et les autres membres espagnols du Conseil d'administration n'ajoutent-ils pas à la garantie de la *Caisse générale des chemins de fer* leur propre garantie? Ils sont fondateurs cependant, et de plus Espagnols, ce qui les met à même d'évaluer mieux que d'autres les produits de l'affaire.

Pourquoi faire montre, dans les annonces et dans le prospectus, de noms très honorables, très estimés et même très illustres, mais qui n'appartiennent en aucune façon à l'affaire de Pampelune? Nous comprenons que la situation géographique du chemin soit indiquée; mais quelle nécessité y avait-il de donner les noms des administrateurs des compagnies du nord de l'Espagne et de Saragosse à Madrid, si ce n'est pour provoquer, au moyen d'un groupage habile, une confusion profitable, et faire croire au public ébloui à une sorte de solidarité morale ou financière entre les trois compagnies et les hommes qui les représentent?

Pourquoi encore s'appuyer sur la fusion avec la ligne de Saragosse à Madrid, lorsqu'on sait que cette fusion n'aura pas lieu, du moins aux conditions dont parlent MM. Mirès et Solar?

Sur le vu de la première annonce, qui ne paraît pas avoir fait sur son esprit une très bonne impression, M. de Salamanca, intéressé cependant à la réussite de la souscription de Pampelune à Saragosse, s'est empressé d'écrire la lettre suivante au rédacteur du *Constitutionnel* :

A M. le Rédacteur en chef du Constitutionnel.

Monsieur le Rédacteur,

A mon arrivée de Madrid, je lis dans les journaux l'annonce de l'émission de 30,000 actions de la Société du chemin de fer de Saragosse à Pampelune, et je vois qu'il y est question d'un projet de traité avec la compagnie de Madrid à Saragosse et Alicante, traité qui n'a pas été encore ratifié par les deux conseils d'administration.

Comme président du conseil d'administration de la Société du chemin de fer de Pampelune, je dois annoncer immédiatement que ce projet, dont j'ai pris connaissance, s'éloignant beaucoup des propositions primitives faites par la compagnie de Pampelune, ne sera pas ratifié.

Veuillez agréer l'assurance de ma parfaite considération,

José de Salamanca,
Président du conseil d'administration du chemin de Pampelune.

Ainsi, à quelque point de vue qu'on se place, il ressort bien évidemment de l'examen qui vient d'être fait, que l'engagement contracté avec tant de solennité par MM. Mirès et Solar ne saurait être considéré comme offrant une garantie quelconque aux actionnaires de Pampelune à Saragosse ; qu'en outre, le prospectus, qui tient lieu de contrat entre M. Mirès et les actionnaires appelés, est plein de confusion, d'équivoques, de réticences, d'erreurs, d'énonciations fausses, d'affirmations inexactes, et qu'on ne peut y voir qu'une de ces œuvres inspirées par un charlatanisme sans exemple jusqu'à ce jour.

D'ailleurs, il faut bien revenir à l'article 1855 du Code civil ; car, si nous l'avons volontairement perdu de vue un instant, ce n'était que pour mieux faire ressortir les nombreux artifices à l'aide desquels on est parvenu à faire souscrire les actions de Pampelune à Saragosse, souscription qui n'aurait pas eu lieu sans cela.

Or, cet article 1855 est si net, si clair, si absolu, qu'il ne laisse pas de place aux interprétations complaisantes. Il est donc bien certain que MM. Mirès et Solar ainsi que la *Caisse générale des chemins de fer* ne sont pas liés par leur engagement.

Vainement prétendrait-on que la *Caisse des chemins de fer* a tout simplement cédé ses parts de propriété dans l'affaire de Pampelune ; qu'elle n'y a pas gardé d'intérêt, et que, conséquemment, elle n'est plus dans la situation d'un associé vis-à-vis d'autres associés ; que, dès lors, l'art. 1855 est inapplicable dans l'espèce ; que si, en effet, un associé ne peut pas garantir son coassocié contre les risques de perte, il n'y a pas de texte de loi qui interdise au vendeur de garantir la chose qu'il vend.

Un tel raisonnement serait sans aucune valeur : car, s'il n'est pas permis à un associé qui gère les affaires communes de garantir ses coassociés contre les chances de perte, à plus forte raison la loi ne peut-elle reconnaître comme valable la garantie accordée par un vendeur restant étranger à une gestion qui l'intéresse cependant, et qui ne pourra essayer de la remettre dans la bonne voie, si elle s'en écarte. Dans ce cas, il garantit le hasard, et cela sans aucune compensation. Toutes les bonnes chances sont pour son acquéreur : s'il y a plus-value, s'il y a bénéfice considérable, ce dernier en profitera seul ; s'il n'y a pas de bénéfice, ou s'il y a perte totale ou partielle du capital, il demandera son remboursement.

Un tel contrat est de ceux que la loi ne sanctionne pas.

Sans doute, un vendeur peut garantir la qualité de la chose vendue ; cela se voit tous les jours : l'horloger garantit le mouvement de ses pendules, l'orfévre le poids et le titre de l'or ou le poids et la qualité du diamant, le fabricant de meubles la qualité de ses fournitures, le teinturier la durée et l'inaltérabilité de ses couleurs, etc. Là il n'y a qu'un contrat équitable, par lequel on garantit le connu et non l'inconnu. On peut garantir, toutefois, l'inconnu, l'éventuel, mais par l'assurance ; on garantit le billet d'ordre qu'on passe et dont on a reçu le montant ; on se porte caution d'un tiers : tous ces engagements sont licites et la justice les admet. Ce qu'elle repousse, ce sont les stipulations léonines, c'est-à-dire celles qui réservent tous les avantages à l'une des parties contractantes, et laissent l'autre sous le coup de tous les risques.

On ne peut donc pas plus vendre une propriété mobilière ou immobilière, en garantissant qu'elle ne dépérira pas, qu'on ne peut exonérer l'associé des risques de perte. Le principe posé par l'article 1855 du Code Napoléon est évidemment applicable dans les deux espèces.

Au surplus, ce n'est pas la question, puisque la *Caisse générale des chemins de fer* et MM. Mirès et Solar sont actionnaires, c'est-à-dire associés, dans l'affaire de Pampelune. Aussi n'est-ce qu'accessoirement et superficiellement que nous avons été amené à étendre la discussion hors de ses limites naturelles. Mais il nous aura suffi d'effleurer seulement ce second point de vue pour convaincre tous les hommes sensés, même les moins légistes, que la loi ne saurait reconnaître aucun contrat — d'association ou de vente — dans lequel des avantages réciproques ne sont pas stipulés.

III

Que vaut la garantie de la Caisse générale des chemins de fer ?

Si nous admettons, pour un instant, que la *Caisse générale des chemins de fer* puisse *légalement garantir* les futurs actionnaires de la Compagnie du chemin de fer de Pampelune à Saragosse contre toutes chances de pertes, il faudrait savoir au moins à quoi s'en tenir sur la valeur de cette garantie. — Une garantie ne vaut qu'autant que celui qui la donne se trouve dans des conditions réelles de solvabilité.

Pour être fixé à cet égard, il est nécessaire de se reporter au rapport présenté à la fin de janvier 1860 par les gérants de la *Caisse générale des chemins de fer*. En lisant ce document avec attention, en s'arrêtant surtout au bilan, on reconnaîtra que cette garantie est plus qu'illusoire et que la *Caisse générale* n'est pas même en état de faire face sur-le-champ aux engagements qu'elle a contractés antérieurement.

Voici ce rapport, dans lequel on trouvera un peu de tout, excepté les renseignements clairs, utiles, qui seraient indispensables pour instruire sur la situation véritable de l'entreprise :

Assemblée générale ordinaire et extraordinaire des actionnaires du 31 janvier 1860.

RAPPORT DU CONSEIL D'ADMINISTRATION.

Messieurs,

Avant d'aborder les importantes communications que nous allons avoir l'honneur de vous soumettre, et qui ont rendu nécessaire la convocation de votre assemblée, permettez nous de jeter un coup d'œil rétrospectif sur la situation générale du marché et des affaires à l'époque où notre société s'est formée, et de la comparer ensuite à la situation actuelle. Nous pensons que vous trouverez, comme nous, dans cet examen l'origine et la cause de nos propositions, et en même temps la justification de notre gestion.

Pour l'intelligence des faits que nous allons vous exposer, il nous paraît indispensable de remonter à une époque qui n'est pas encore assez éloignée pour que le souvenir en soit effacé parmi vous.

CONSIDÉRATIONS GÉNÉRALES (1).

En 1838, la fièvre industrielle qui se reproduit par accès périodique dans un laps de cinq à dix ans, avait attiré à la Bourse des capitaux abondants ; mais l'association et l'industrie, encore peu avancées, n'avaient pas la puissance qu'elles ont acquise de nos jours sous l'impulsion donnée par l'Empereur. Les capitaux qui s'offrirent à la Bourse furent en grande partie absorbés par des affaires sans avenir et sans consistance. Ce fut à cette époque qu'on vit naître la Société des asphaltes unis et coloriés, dont les actions de 1,000 fr. montèrent à 11,000 fr.; des mines sans valeur, des sucreries indigènes établies sur des bases déraisonnables ; des associations pour des bateaux hors de service, etc., etc. Toutes ces entreprises se produisaient sous la forme de sociétés en commandite par actions ; mais la fièvre qui faisait accepter avec faveur les conceptions les plus folles s'éteignit bientôt, et la presque-totalité des affaires fondées à cette époque disparut en ne laissant que des ruines.

Il en résulta un grand découragement qui, pendant longtemps, arrêta les efforts de l'industrie sérieuse. Ainsi la Compagnie d'Orléans, constituée au capital de 40 millions et patronnée par les banquiers de Paris, était menacée de ne pouvoir continuer ses travaux ; elle ne fut sauvée d'une liquidation imminente que par l'intervention de l'État, qui, en lui accordant une garantie d'intérêt, rendit le courage aux actionnaires, facilita les versements et permit à la Société d'achever son œuvre.

En 1840, la consternation produite par la chute de presque toutes les sociétés formées de 1836 à 1838 était si grande, que l'État offrait vainement la concession des meilleures lignes de chemins de fer. En 1842, les deux chambres votèrent une loi par laquelle le gouvernement était autorisé à concéder les chemins de fer, en ne demandant aux compagnies que de fournir le matériel fixe et roulant, l'État se chargeant de l'achat des terrains, des terrassements et des travaux d'art. Même dans ces conditions, les capitaux refusèrent leur concours, tant était profonde l'impression laissée par les sinistres de 1838.

Cette époque, Messieurs, fut une véritable calamité pour l'industrie française : car l'esprit d'entreprise et d'association n'avait produit aucun résultat capable de compenser les ruines nombreuses causées par le mouvement désordonné qui avait attiré les capitaux dans de déplorables affaires.

Vingt années environ nous séparent de cette époque, et nous avons assisté, de 1852 à 1856, à une période d'excitation financière et industrielle bien autrement

(1) Quel verbiage on va avoir sous les yeux ! Il faut vraiment être passé maître en hardiesse pour oser entretenir, pendant de mortelles heures, des actionnaires de choses sans intérêt ; pour leur faire un cours d'industrie rétrospective, — morceau rempli d'erreurs et dont les appréciations n'ont aucune valeur. Mais la nécessité de faire diversion et de fatiguer, dès le début, l'attention des auditeurs, exigeait peut-être ce hors-d'œuvre indigeste.

considérable. Ce ne sont plus des entreprises de quelques centaines de mille francs ou de quelques millions, comme en 1838, qui ont inondé notre marché : c'est par milliards que l'on doit calculer l'importance des affaires créées pendant ces années, qui semblent un rêve, tant elles diffèrent de celles qui les ont précédées et de celles qui les ont suivies.

Ces entreprises, qui ont enrichi la France, ont fait aussi sa grandeur et sa puissance, en étendant son influence bienfaisante sur l'Europe par le concours que les sociétés françaises ont donné aux travaux d'utilité publique dans tous les grands Etats. C'était un spectacle curieux et grandiose à la fois, de voir la France, qui, en 1845, avait eu besoin du concours des capitaux anglais pour constituer les compagnies qui soumissionnaient les chemins de fer français, devenir à son tour le centre des capitaux du monde, enlever à l'Angleterre son antique prépondérance, et faire servir ses nouvelles richesses à développer les progrès de la civilisation dans tous les Etats en Europe. Un des signes matériels de l'influence française dans ce développement a été l'adoption de notre système métrique pour l'établissement et l'exploitation des chemins de fer. Aujourd'hui encore, c'est par nos ingénieurs que la plupart des chemins de fer en Europe sont construits et exploités.

De si grands résultats auraient-ils pu être obtenus par des sociétés purement industrielles et qui auraient été constituées en dehors de toute influence financière ? Evidemment non. Il fallait à des sociétés qui représentaient chacune un capital de cent à onze cents millions un appui financier pour créer leur crédit et négocier leur titres. Sans ce concours, de telles entreprises eussent été impossibles ; les chemins de fer, ce merveilleux instrument de civilisation, n'auraient pu être entrepris que partiellement, et la génération actuelle n'en aurait pas profité.

Cette nécessité d'un puissant concours financier explique seule la création sur tous les points de l'Europe de sociétés financières destinées à faciliter ou commanditer de vastes entreprises de travaux publics. Voici le tableau succinct des sociétés de ce genre, créées depuis 1852 :

Sociétés financières françaises.

1852. — Le Crédit mobilier français.
1853. — La Caisse générale des chemins de fer.
1856. — L'Union financière.
   »   La Caisse générale des actionnaires.
1859. — Le Crédit commercial et industriel.

Sociétés financières étrangères.

1853. — Banque de Bruswick.
   »   Banque de Darmstadt.
1856. — Id., 2ᵉ émission.
1854. — Banque de Francfort,
   »   — de Weimar.
1855. — Banque de Dessau, 2ᵉ émission.
   »   Banque de Géra.
   »   Société de crédit autrichien.
   »   Banque internationale de Luxembourg.

1856. — Société de commerce de Berlin.
   »   Banque de Brême.
   »   Société de crédit de Cobourg-Gotha.
   »   Banque du Nord de Hambourg.
   »   Banque de l'Union de Hambourg.
   »   Banque de Hanovre.
   »   Sociétés de crédit de Leipsig.
   »   Banque privée de Magdebourg.
   »   Société centrale de crédit de Meining.
   »   Société commerciale sarde.
   »   Société commerciale en Espagne.
   »   Crédit mobilier espagnol.
   »   Crédit général en Espagne.

Les capitaux engagés dans ces sociétés s'élèvent à plusieurs milliards. Dans ce tableau, les sociétés françaises, espagnoles et autrichiennes forment à elles seules près de six cents millions. Si au capital de ces sociétés on ajoute la prime payée, par exemple, sur les actions du Crédit mobilier français, sur les actions du Crédit mobilier autrichien, sur les actions de la Société commerciale sarde, on n'aura encore qu'une idée incomplète de l'énorme capital qui, de 1852 à 1856, prépara et produisit l'explosion de prospérité et de richesse dont nous avons été témoins, porta au plus haut degré l'influence de la France et facilita l'exécution de travaux gigantesques entrepris à la fois sur tous les points de l'Europe.

Les sociétés financières dont nous venons de dresser la liste n'étaient pas, comme la plupart des entreprises de 1838, fondées en général par des individus sans consistance; elles étaient, au contraire, créées par les hommes les plus considérables de la Banque, le commerce et l'industrie. On ne citerait pas en Europe une grande maison de banque, et des plus respectables, un grand industriel, et des plus honorables, qui n'ait tenu à honneur de donner son concours aux sociétés financières et industrielles qui se sont formées pendant cette période qui aura une place glorieuse dans l'histoire, lorsque les erreurs et les préjugés du temps, affaiblis, permettront à l'opinion publique de lui rendre justice.

Croyez-vous que l'amour du gain ait été le mobile unique de ce grand mouvement? Non, Messieurs; les hommes considérables qui y ont pris part étaient poussés par de nobles sentiments; ils voulaient s'associer, par leur concours moral et personnel, à cette magnifique éclosion de prospérité qui se traduisait par des travaux utiles et productifs et par la diffusion du bien-être dans toutes les classes; ils voulaient participer à la création de ces grandes entreprises industrielles, comme par exemple les chemins de fer, qui transforment les pays et préparent l'union des peuples; ils comprenaient que des affaires qui devaient employer des centaines de millions ne pourraient être soutenues par des efforts individuels, quelque puissants qu'ils fussent; ils comprirent que l'association seule pouvait créer cet appui.

Voilà, Messieurs, l'origine véritable des sociétés financières qui ont couvert toutes les places de l'Europe. Nées avec la prospérité générale, ces sociétés ont subi naturellement le contre-coup de la crise qui, depuis le 1er janvier 1857, s'est étendue sur tous les Etats européens. Elles avaient été fondées pour servir d'intermédiaires entre les capitaux et l'industrie; mais lorsque la crainte a remplacé la confiance qui avait présidé à leur institution, leur mission s'est trouvée annulée, et leur existence même a été menacée. Cependant, Messieurs, dans la nomenclature que nous vous avons faite des sociétés qui se sont formées de 1852 à 1856, on n'en trouve que deux, une française et une sarde, dont la situation ait été réellement compromise par des opérations malheureuses; et l'on remarque que les pertes éprouvées par ces deux sociétés proviennent uniquement de ce qu'elles ne se sont livrées qu'à des opérations purement aléatoires. Si, au lieu d'engager leurs capitaux dans les spéculations de bourse, elles les avaient employés à commanditer de grandes et belles entreprises, bien étudiées et sérieusement conduites, comme l'ont fait les autres sociétés, elles auraient pu éprouver des embarras passagers, mais elles auraient conservé intact le capital qui leur était confié.

Ce sera l'honneur de notre époque, Messieurs, d'avoir donné le jour à une si grande quantité de sociétés et d'entreprises, dont la presque totalité a pu survivre à une crise qui se prolonge depuis plusieurs années. C'est ce qui différencie l'activité industrielle, telle que nous l'avons vue de nos jours, de la fièvre des périodes analogues auxquelles on a voulu la comparer.

Dans le passé, les capitaux avaient été absorbés par des entreprises qui reposaient sur des théories ou sur des espérances. De nos jours, les capitaux n'ont été appelés à concourir qu'à des travaux d'utilité réelle et publique, et la différence dans le but entre le présent et le passé s'explique précisément par la différence dans la valeur et le caractère des hommes qui, aux diverses époques, ont donné leur concours à l'industrie. De nos jours, ce sont les sommités sociales qui ont donné l'impulsion au mouvement industriel; et les entreprises ont reçu de ce haut patronage un caractère d'utilité et de moralité auquel on n'a rendu jusqu'à présent aucune justice.

Savez-vous cependant quelle est l'importance des compagnies de chemins de fer qui ont dû leur constitution aux sociétés financières? En voici un résumé sommaire :

En première ligne nous placerons la Société des chemins autrichiens, dont le capital, actions et obligations, ne s'élève pas à moins de 350 millions;

Les chemins suisses, dont le capital absorbé dépasse 300 millions;

Les chemins italiens, qui représentent un capital de 800 millions;

Les chemins allemands autres que les chemins autrichiens indiqués plus haut, environ 2 millions;

Les chemins espagnols, 600 millions;

Les chemins russes, 1,100 millions.

Si vous ajoutez à ce chiffre les chemins français, qui, depuis 1852, n'ont pas absorbé moins de 5 milliards, et la masse des entreprises autres que les chemins de fer, vous voyez à quel total énorme s'est élevé l'ensemble des travaux entrepris par les compagnies industrielles, et vous comprendrez dès lors quelle haute mission était dévolue aux sociétés financières qui ont soutenu ces compagnies industrielles, leur ont facilité la réalisation du capital nécessaire à leurs travaux, et, dans les temps de crise, ont soutenu leur crédit.

On ne reprochera pas à ces sociétés financières d'avoir encouragé ou patronné des entreprises stériles, car elles se distinguent au contraire par leur solidité et leur moralité : et tandis que les créations industrielles de 1836 à 1840 ont péri, en grande partie, sans avoir produit aucun travail utile, vous trouveriez à peine quelques entreprises fondées depuis 1852 qui aient périclité. Qu'est-ce que le chiffre minime de ces mauvaises affaires comparé aux milliards de valeurs immobilières créées dans cette période ? Son exiguïté ne démontre-t-elle pas combien l'opinion a été injuste envers les hommes qui touchent aux finances et à l'industrie, et dont l'initiative a amené de si grands résultats ?

Malheureusement, Messieurs, on a exagéré les quelques inconvénients qu'avait présentés le développement des affaires, sans tenir compte des bienfaits produits par l'accroissement inouï des richesses mobilières ; cette injustice de l'opinion publique est la seule cause de la réaction qui s'est produite. Cette réaction a frappé d'une réprobation générale et aveugle tous les éléments d'activité, bons ou mauvais, qui avaient produit la période glorieuse et prospère qui s'est écoulée de 1852 à 1856, pendant laquelle la France, cruellement éprouvée, a pu satisfaire en même temps, sans affecter sa prospérité, aux nécessités d'une guerre lointaine, au déficit de ses récoltes et à l'élévation des salaires par le travail.

La revue comparative que nous venons de soumettre à votre attention nous amène naturellement à vous entretenir de notre propre situation, en présence d'un état de choses si différent de ce qu'il était lorsqu'en 1853 nous avons constitué notre société.

La situation générale des affaires, la physionomie du marché, les tendances des capitalistes, la législation nouvelle sur les valeurs mobilières, sur les sociétés commerciales par action, etc., n'ont-elles pas apporté un changement radical dans cette situation, et pouvons-nous désormais conserver pour notre société les espérances sous l'influence desquelles elle s'était constituée ?

Vous ne le pensez pas, Messieurs ; nous ne le pensons pas non plus. Mais si votre opinion actuelle n'est plus celle que vous manifestiez en 1857, il n'en est pas de même pour nous. Déjà, en 1857, nous ne croyions pas que la reprise des affaires industrielles fût prochaine. Or, depuis cette époque, le courant de l'opinion publique, qui se montrait si hostile, ne s'est pas modifié. Si dans les hautes sphères de la société quelques tendances meilleures ont été remarquées, elles n'ont pas été assez accentuées pour exercer une influence salutaire sur l'opinion publique.

Il faut d'ailleurs le reconnaître, même dans cette voie de réparation, il n'est pas facile d'agir, et le Gouvernement a rencontré des résistances qui ont, sans aucun doute, contribué à amoindrir l'effet de ses dispositions favorables à l'égard de l'industrie et du marché des fonds publics. Nous en trouvons l'indication dans ce qui s'est passé au Corps législatif en 1859, lorsqu'il a été question de modifier les cahiers des charges des compagnies de chemins de fer, si profondément altérés par les changements introduits de 1855 à 1857.

Certes, si jamais industrie, par les services rendus, par son concours intelligent et dévoué au pays, mérita la confiance des grands corps de l'Etat, c'est l'industrie des chemins de fer. Vous savez, et nul ne le conteste, les richesses qu'elle a répandues ou fait éclore. Les compagnies, qui étaient en possession de concessions avantageuses faites en 1845 et heureusement modifiées en 1852, avaient vu leurs avantages amoindris par des modifications qu'elles avaient dû accepter pour se préserver de concurrences ruineuses.

Ces modifications, qui, effectivement, avaient profondément altéré la situation prospère des compagnies de chemins de fer, engendraient une inquiétude qui se traduisait par une certaine défiance : les capitaux s'éloignaient des actions des chemins de fer ; le crédit des compagnies, si indispensable à l'achèvement de notre réseau, pouvait être atteint, l'émission de leurs obligations pouvait devenir impossible, et l'exécution des chemins de fer aurait été compromise.

Sous l'influence de prévisions si fâcheuses, le gouvernement crut devoir intervenir, et, par un concours plus apparent qu'effectif, tranquilliser les esprits, consolider le crédit des compagnies et assurer l'achèvement de notre réseau de chemins de fer.

Accorder quelques facilités de crédit, donner quelques garanties d'intérêt à des entreprises dont la prospérité est assurée, ce n'était certainement pas trop pour compenser les graves et profondes altérations précédemment apportées aux cahiers des charges des compagnies, altérations qui toutes avaient profité à l'Etat.

Eh bien! consultez les débats qui ont eu lieu l'année dernière au Corps législatif; méditez les opinions qui se sont produites à ce sujet, et vous vous convaincrez, Messieurs, que le courant de l'opinion, défavorable à la spéculation, à la Bourse, aux affaires et aux hommes qui les dirigent, n'a pas sensiblement varié. Aussi n'entrevoyons-nous pas aujourd'hui, plus qu'en 1857, le retour prochain de la confiance dans l'industrie et les valeurs mobilières.

Sans doute il existe encore de nombreux capitaux : c'est le résultat du travail et de l'industrie qui, de 1852 à 1856, ont créé de si grandes richesses mobilières; mais ces capitaux s'éloignent des valeurs à revenus mobiles, pour se porter presque exclusivement sur les valeurs à revenus fixes, comme les obligations. Veut-on la preuve de la disposition persistante des capitaux à l'égard des nouvelles affaires? On la trouve dans une circonstance récente.

En 1855 et 1856 plusieurs compagnies étaient ardentes à se disputer la concession des paquebots transatlantiques; derrière ces compagnies il y avait des capitaux considérables dont le concours était assuré; une commission avait été nommée pour écouter les propositions, discuter le mérite des compagnies. De 1857 à 1860 que s'est-il passé?

Les capitaux qui vivifiaient les entreprises industrielles se sont retirés, et, par conséquent, les compagnies soumissionnaires se sont retirées également; il n'est resté, en présence du Gouvernement, que quelques hommes très considérables, qui ont eu le courage d'accepter la concession si longtemps et si ardemment disputée. Ces hommes, qui représentent une compagnie très puissante par sa constitution et son crédit, n'ont pu encore parvenir à réaliser le capital nécessaire pour les paquebots transatlantiques, et cependant nulle entreprise n'est plus hautement, plus richement patronnée.

Ainsi, Messieurs, qu'on interroge l'opinion : elle est encore hostile, ou tout au moins elle n'est pas encore devenue bienveillante; qu'on étudie les affaires : on voit que les hommes les plus influents sont impuissants pour en fonder de nouvelles. Quel est donc l'avenir des établissements financiers dont la vie dépend précisément de l'opinion publique et de la constitution d'entreprises nouvelles? Evidemment cet avenir est nul ou problématique.

C'est ce que nous avons prévu, lorsqu'au mois de juin 1857 nous vous convoquâmes pour vous offrir notre démission. Vous ne l'avez pas acceptée alors, et l'unanimité de votre concours, dans cette circonstance, nous détermina à rester à la tête de votre établissement, quoique nous fussions convaincus que les affaires étaient éteintes pour longtemps. Vous avez voulu qu'une nouvelle expérience fût tentée; nous nous sommes conformés à vos désirs.

Cependant, Messieurs, il y avait encore une espérance que nous avons poursuivie, et dont la réalisation aurait contribué fortement à devancer l'époque du retour des affaires : c'eût été la réunion des forces et des influences financières.

Si les capitalistes français et étrangers avaient vu rapprochées dans un but commun les grandes institutions de crédit, la confiance que ces éléments eussent provoqué aurait certainement fait contre-poids à une partie des mauvaises tendances de l'opinion, en même temps qu'elle eût empêché les luttes dont le contre-coup a été funeste aux capitalistes, victimes ordinaires de ces combats. Malheureusement cette espérance ne s'est pas non plus réalisée.

D'après toutes ces considérations, nous craignons que les établissements comme le nôtre ne trouvent plus de longtemps un aliment suffisant pour leur activité. Nous avons dû envisager de sang-froid cette situation, l'étudier surtout au point de vue des nouvelles prescriptions législatives. Tel a été le point de départ des propositions que nous avons à vous soumettre, et dont l'exposé qui précède était la préface nécessaire.

EXPOSÉ DE LA SITUATION DE LA CAISSE GÉNÉRALE DES CHEMINS DE FER.

En faisant l'énumération des sociétés financières fondées depuis quelques années, nous vous disions que les établissement financiers qui ont eu pour but la spéculation basée sur des opérations aléatoires sont les seuls qui aient périclité. Nous pouvons ajouter que les autres établissements qui ont commandité, patronné, après les avoir étudiées avec soin, les grandes entreprises industrielles ou les grandes opérations de travaux publics, ceux-là peuvent avoir éprouvé quelques embarras passagers, suite inévitable d'une crise financière qui se prolonge encore ; mais leur capital n'est pas compromis ; au contraire, si les entreprises qu'ils ont fondées et patronnées ont été conduites avec intelligence ou honnêteté, ce capital doit être probablement augmenté.

Cette situation, Messieurs, est la nôtre. Les opérations que nous avons faites, les entreprises que nous avons patronnées sont toutes, sans exception, d'excellentes affaires, et les valeurs qui les représentent, si elles avaient été évaluées d'après les probabilités d'avenir, auraient porté à un chiffre beaucoup plus élevé l'actif de notre Société. Mais nous avons repoussé de nos évaluations toutes les appréciations en dehors des faits, pour nous en tenir au pair des actions, même lorsque cette évaluation pour la plupart des titres est visiblement au-dessous de la valeur effective que lui assure un avenir prochain. Du reste, pour établir notre excellente situation, nous n'avions pas besoin de l'avenir ; le présent nous suffisait.

Les affaires faites par la Caisse générale des chemins de fer, et qui forment la plus grande partie de son actif, sont :

1° Les mines de Portes ;

2° Les hauts-fourneaux et fonderies de Saint-Louis à Marseille ;

3° L'éclairage au gaz de la ville de Marseille ;

4° Les ports de Marseille ;

5° Les chemins romains ;

6° L'emprunt espagnol 1857 ;

7° Le chemin de Pampelune à Saragosse ;

8° Des propriétés immobilières.

Vous comprendrez, Messieurs, que, dans les circonstances actuelles, notre dévoir nous impose une plus grande netteté sur le mérite des affaires que nous avons fondées ou patronnées. L'examen que nous allons en faire vous permettra de reconnaître, nous n'en doutons pas, que nous avons toujours agi, d'abord avec le désir de consacrer nos capitaux à des opérations très fructueuses, et aussi avec la pensée d'associer nos efforts à de grandes entreprises d'utilité publique. Vous nous rendrez aussi cette justice que nous n'avons jamais obéi à l'entraînement de l'opinion, et que le concours que nous avons donné à ces entreprises a toujours été le résultat d'une appréciation sérieuse et mûrement réfléchie.

MINES DE PORTES.

En novembre 1854, nous devenions acquéreurs des mines de Portes.

Les motifs qui nous déterminèrent furent d'abord l'état prospère de l'industrie houillère et l'immense avenir qui paraissait assuré à ces mines, par suite du grand mouvement industriel dont la houille était le principal agent de prospérité.

Dans tous les ports on construisait des bateaux à vapeur : le Gouvernement transformait sa marine à voiles; sur tous les points où se trouvaient les minerais s'élevaient des usines métallurgiques; l'importance des concessions de chemins de fer menaçait de rendre la production des fers et fontes insuffisante; enfin l'emploi des fers dans la construction des maisons et usines commençait à se généraliser. Il était évident que la consommation des houilles allait prendre une immense extension, et nous avions la preuve de cette prospérité dans la prospérité même des mines de la Grand'Combe, dont les produits annuels dépassaient alors 1,500,000 fr. pour une extraction d'environ 300,000 tonnes.

Les mines de Portes, situées, comme les mines de la Grand'Combe, dans le bassin du Gard, présageaient un avenir aussi brillant.

D'après les rapports de nos ingénieurs, corroborés par ceux des ingénieurs de l'Etat, les mines de Portes pouvaient produire pendant plus d'un siècle 300,000 tonnes par an; et en considérant les besoins nouveaux de l'industrie, il était facile de prévoir que ces mines de houille d'une grande richesse allaient acquérir une plus-value très considérable.

Il ne manquait à la prospérité des mines de Portes qu'un chemin de fer qui les reliât aux chemins de la Méditerranée; dès que l'acquision fut faite, des négociations furent engagées avec la Compagnie du chemin de fer de Bességes à Alais, et un traité fut passé, par lequel cette Compagnie s'engageait à construire le chemin de fer de Portes; mais ce traité ne reçut pas d'exécution, la concession demandée n'ayant pas été accordée. Nous dûmes, dès lors, nous mettre en mesure de construire nous-mêmes ce chemin, qui présentait des difficultés très grandes, dans un pays de montagnes, où les pentes abruptes nécessitaient de grands travaux.

Le chemin est construit; il a été ouvert à l'exploitation dans le mois de septembre dernier.

Dès le premier mois de cette exploitation, le produit des mines de Portes a été complétement transformé. Pour vous mettre à même d'apprécier le changement apporté par l'ouverture du chemin de fer, il suffira de vous faire connaître que les transports par terre des mines de Portes à Alais coûtaient 8 à 10 fr. par tonne, et que, par le nouveau chemin de fer, le prix doit descendre à 2 fr. 50 c., et même à 2 fr. Une différence de 6 à 7 fr. par tonne sur une marchandise qui ne donne en moyenne guère plus de 3 à 5 fr. de bénéfice par tonne, vous explique mieux que tous les raisonnements une partie des causes qui avaient contribué jusqu'à ces derniers temps à annuler les revenus de ces mines.

En outre, depuis l'année 1857, l'industrie métallurgique, si prospère et d'un si brillant avenir, s'est tout à coup affaissée, d'abord sous l'influence de dispositions législatives et des mesures restrictives qui ont amoindri l'activité industrielle de la France; ensuite, parce que les Compagnies de chemins de fer ont obtenu des délais pour l'achèvement des lignes qui leur étaient concédées, afin de ne pas écraser le marché par une trop forte émission d'obligations. Telles sont les causes de la baisse considérable qui s'est produite sur le prix même de la houille. Ce prix, du chiffre moyen de 32 fr. la tonne, où il était à Marseille en 1855, est tombé au prix moyen de 24 fr.

Cependant, Messieurs, et malgré la baisse du prix des charbons et l'affaiblissement de l'industrie métallurgique, il a suffi que le chemin de fer fût ouvert pour constituer les mines en bénéfice. Ainsi, en admettant que l'écoulement des charbons de Portes se borne à un chiffre de 150,000 tonnes par an, le bénéfice, pour l'année 1860, ne sera pas inférieur à 600,000 fr.

Ce revenu, ajouté aux produits de l'usine à gaz et des hauts-fourneaux, évalués au minimum de 600,000 fr. pour 1860, et complétement justifiés par les résultats de l'exercice 1859, assure aux actionnaires des Sociétés réunies des mines de Portes, des gaz et des hauts-fourneaux de Marseille, pour l'année 1860, un revenu d'environ 5 à 6 0/0, qui atteindra très certainement en peu de temps à un chiffre beaucoup plus élevé.

HAUTS-FOURNEAUX ET FONDERIES DE SAINT-LOUIS A MARSEILLE.

La possession des mines de Portes devait naturellement nous conduire à rechercher les moyens d'assurer l'écoulement des houilles aux meilleures conditions possibles.

En 1855, l'industrie métallurgique était dans une si grande voie de prospérité que la production française était insuffisante à satisfaire aux besoins existants, et bien moins encore à ceux que le développement de l'industrie et du commerce faisait prévoir.

Ce n'était plus seulement pour les fournitures des chemins de fer que l'industrie métallurgique était débordée, mais l'emploi du fer dans la construction des maisons commençait à se répandre; la navigation faisait des progrès sensibles par la construction des bateaux en fer; de sorte que l'insuffisance de l'industrie française, pour toutes les nécessités qui se révélaient, était chaque jour plus notoire.

Sous l'influence des besoins de toute nature et du haut prix du fer et de la fonte, l'industrie métallurgique était sollicitée de donner un plus grand essor à sa production; aussi vit-on s'établir dans toutes les contrées où se trouvait la houille ou le minerai, des établissements métallurgiques; pour produire la fonte, le fer et l'acier.

On compte plus d'usines métalliques fondées dans la courte période de 1852 à 1855 que dans les autres années réunies qui se sont écoulées de 1840 à 1860. C'est qu'en 1855, l'industrie avait enfin et pour la première fois à sa disposition, par la Bourse le capital, et par les chemins de fer les transports à bas prix.

Les transports à bas prix!

Savez-vous, Messieurs, à combien s'élève la quantité de houille et de minerai nécessaire pour produire une tonne de fer? Il faut, en moyenne, huit à dix tonnes de ces deux matières premières. Il est dès lors facile de comprendre que le prix des transports joue le premier rôle dans l'industrie métallurgique. C'est surtout en France que ce point est le plus important, attendu que nous avons très peu de bassins houillers qui soient en même temps en possession du minerai.

La nature a donné ce double avantage à l'Angleterre et à la Belgique, et cette situation exceptionnelle a été, en dehors de quelques autres circonstances, une des grandes causes de la supériorité de ces deux pays en matière métallurgique.

Quoi qu'il en soit, la Société des mines de Portes, voulant s'assurer l'écoulement des charbons menus qui forment précisément la partie des houilles dont le placement est le plus difficile, désira profiter des hauts prix de la fonte, et accroître ainsi ses éléments de prospérité.

Marseille, située sur les bords de la Méditerranée, à portée des riches minerais de la Toscane et de l'Espagne, en communication avec le chemin de fer qui se relie au bassin houiller du Gard; Marseille, dépourvue complétement d'établissements métallurgiques produisant la fonte moulée en première fusion, Marseille offrait des avantages considérables pour l'établissement de hauts-fourneaux; en même temps, les mines de Portes devaient trouver un important débouché pour les menus charbons et pour le coke.

Ces considérations déterminèrent la création des hauts-fourneaux et fonderies de Saint-Louis, dans la banlieue de Marseille, dans une admirable position, à portée du chemin de fer, qui atteint, par une section, Alais et le bassin du Gard, et les nouveaux ports de Marseille par l'embranchement de la Joliette.

Pendant que l'usine de Saint-Louis se construisait, les besoins du commerce augmentaient chaque jour, et le haut prix auquel était monté, en France, le prix des bateaux à vapeur, attestait de nouveau l'insuffisance de la production métallurgique, qui, à cette époque, en effet, pouvait à peine livrer les rails nécessaires aux chemins de fer en construction; à plus forte raison était-elle dans l'impuissance de fournir les fers nécessaires pour les constructions navales.

Le Gouvernement, pour parer autant que possible à des nécessités de plus en plus urgentes, rendit, en octobre 1855, un décret qui autorisait, pendant trois années, l'entrée des fontes anglaises destinées aux constructions maritimes.

Comme à l'époque où ce décret fut rendu, la plupart des nouvelles usines métallurgiques n'étaient pas encore construites, on ne pouvait juger la portée de ce décret; si, en outre, on considère que l'année 1856 fut une année de grande prospérité, où le haut prix de la fonte et du fer se maintint encore, on concevra que les conséquences du décret introductif des fontes anglaises ne pouvaient être parfaitement appréciées.

Mais la crise de 1857, en réduisant les émissions des obligations par les compagnies de chemins de fer, eut, pour premier résultat, comme nous l'avons dit,

fle diminuer les besoins des compagnies. La paix, ayant rendu disponibles les bâ-
timents employés aux transports pour la Crimée, arrêta la construction des bateaux. En même temps se produisait sur le marché français une situation nouvelle
et très funeste pour l'industrie métallurgique. L'introduction des fontes anglaises
pesait sur le marché, juste au moment où les nouvelles usines, mises en construction de 1854 à 1855, commençaient à produire des quantités de fontes et de fer
beaucoup plus considérables que par le passé, et en quantités supérieures aux demandes du moment, réduites, comme nous venons de le dire, par la crise, le ra-
lentissement des travaux de chemins de fer, et la suspension des constructions
navales.

Ainsi l'accroissement métallurgique, en France, se produisait juste au moment
où les besoins étaient réduits, lorsque la crise financière éclatait, et avec la concurrence des fontes anglaises.

Voilà, Messieurs, les causes qui ont réduit les produits des hauts-fourneaux,
qui présageaient de si brillants résultats lorsqu'ils furent conçus.

Nous vous devons ces explications, afin de justifier le concours que nous avons
donné à la création de cet établissement.

Mais en définitive, Messieurs, même dans les conditions actuelles, l'usine Saint-
Louis n'a pas été inutile pour les mines de Portes, ni pour l'usine à gaz, qui ont
trouvé le placement avantageux de leurs charbons et de leur coke; du reste, le
capital de Saint-Louis, uni au capital des mines de Portes et du gaz de Marseille,
n'en recevra pas moins un intérêt, qui a été, pour 1859, de 3 0/0, et qui, pour
1860, ne sera pas inférieur à 5 ou 6 0/0, pour s'élever successivement avec le
développement des houilles, la consommation du gaz à Marseille et la renaissance
de l'industrie métallurgique.

CONCESSION DU PRIVILÉGE POUR L'ÉCLAIRAGE AU GAZ DE MARSEILLE.

Les mines de Portes avaient été acquises en novembre 1854; les hauts-fourneaux de Saint-Louis avaient été mis en construction dans les premiers mois de 1855.
Nous devînmes concessionnaires de l'éclairage au gaz de la ville de Marseille en
novembre de la même année. Vous savez, Messieurs, que les houilles consom-
mées par les usines à gaz sont précisément des charbons menus, et la concession
du gaz de Marseille, que nous avions obtenue, était la conséquence de la pensée
que nous avions eue en créant les hauts-fourneaux de Saint-Louis : assurer des
debouchés aux charbons menus des mines de Portes. Nous n'avons pas besoin d'a-
jouter, Messieurs, que, même en poursuivant l'exécution de cette pensée, assurer
l'avenir des mines de Portes, nous n'avons recherché ce but qu'au moyen d'entreprises bien étudiées. La concession du privilége, pour l'éclairage au gaz de la ville
de Marseille, en est une nouvelle preuve. Il suffira, pour le démontrer, de vous
faire connaître non-seulement les avantages de cette concession, mais encore dans
quelles circonstances cette concession a été obtenue.

A une époque déjà éloignée, la municipalité marseillaise avait cru que la libre
concurrence, pour l'éclairage au gaz dans la ville de Marseille, était un principe
excellent qui devait lui procurer un meilleur éclairage et à de meilleures condi-

tions. Par suite, trois compagnies se proposèrent d'exploiter l'éclairage au gaz, et furent autorisées à poser chacune une canalisation. La première, une puissante société anglaise, connue sous le nom de Compagnie continentale, avait succédé à la Compagnie des trois villes du Midi ; la seconde était représentée par M. Féraud ; la troisième compagnie, représentée par M. André, avait si peu de valeur qu'elle avait construit son usine sur des terrains dont elle n'était même pas propriétaire. La première était constituée pour donner du gaz de houille : c'était la Compagnie anglaise ; les deux autres avaient essayé de nouveaux systèmes, tels que la tourbe ou la résine. La première avait la concession de l'éclairage public, mais sans privilége quant à l'éclairage privé. Le privilége pour l'éclairage public expirait le 30 juin 1859. Les deux autres compagnies avaient cherché les éléments de leurs succès dans la concurrence ouverte pour l'éclairage privé, et s'étaient établies à leurs risques et périls, avec des autorisations qu'en style administratif on appelle des tolérances.

La concurrence entre les trois compagnies avait produit, comme premier inconvénient, une triple canalisation qui bouleversait le pavage de la ville et embarrassait la circulation, car aucune d'elles n'était limitée par quartiers, comme l'avaient été, à Paris, les anciennes sociétés. A Marseille, les compagnies pouvaient éclairer simultanément tous les quartiers, et avaient par conséquent dans chaque rue trois canalisations.

Cet inconvénient n'était même pas compensé par une économie dans le prix du gaz, puisque le prix était de 40 centimes par mètre cube, pour l'éclairage privé !

La concession de vingt années dont jouissait la Compagnie anglaise allait expirer, et des négociations étaient engagées depuis longtemps, pour le privilége de l'éclairage public et privé, entre la municipalité et la Compagnie anglaise.

Ces négociations avaient donné naissance, à Marseille, à une entente entre les trois compagnies, afin d'empêcher toute concurrence et pouvoir ainsi imposer leurs conditions à la municipalité. Elles avaient chacune évalué leur usine, non pas d'après leur valeur productive, mais d'après le chiffre présumé de leurs dépenses. Ces évaluations avaient servi de bases à la cession qu'on projetait à une puissante société financière. Mais, pour justifier les prix élevés auxquels on se proposait de vendre le matériel des trois compagnies, il fallait obtenir de la ville le privilége de l'éclairage, avec des prix d'autant plus exagérés, que l'estimation des compagnies était plus forte.

La municipalité de Marseille, pour échapper à cette pression et en même temps à un véritable danger pour la ville, qui eût été condamnée, pendant au moins un demi-siècle, à subir des prix onéreux, provoqua, comme l'avait fait avec succès la ville de Paris, le concours d'autres sociétés qui voulussent prendre le privilége.

A Paris, les anciennes compagnies s'étaient également réunies pour soumissionner le privilége de tout l'éclairage au gaz de la capitale ; mais elles avaient rencontré la concurrence d'autres sociétés, et, sous cette influence, les prix furent abaissés, et si les compagnies anciennes conservèrent le privilége d'éclairer Paris, elles le durent uniquement aux conditions plus avantageuses qu'elles acceptèrent.

La ville de Marseille suivit la même conduite ; elle mit les concurrents en présence, elle écouta les propositions, et traita avec la compagnie qui présentait les meilleures conditions.

N'étant pas obligés, comme nos concurrents, par leurs conventions avec les trois sociétés de Marseille , à prendre leur matériel vieux et usé, dont la plus grande partie allait être annulée, nous pûmes abaisser le prix du gaz à 33 cent. pour les particuliers et à 17 cent. pour l'éclairage municipal ; un traité et un cahier des charges furent dressés sur ces bases et acceptés par nous.

La municipalité de Marseille, voulant, jusqu'au dernier moment, donner une preuve de son respect pour tous les intérêts, avait stipulé dans nos conventions que le traité et le cahier des charges que nous avions acceptés seraient communiqués, et que notre traité ne serait définitif que s'il était refusé par nos concurrents.

Cette communication fut faite à la Compagnie anglaise ; elle resta sans réponse satisfaisante ; aussi, lorsque, plus tard , la Compagnie anglaise se plaignit à M. le ministre de l'intérieur d'avoir été évincée, elle s'attira la réponse suivante :

« Paris, le 6 avril 1856.

« Monsieur,

« Vous m'avez adressé, au nom de la Société impériale et continentale de Londres, une réclamation contre le traité passé entre l'administration municipale de Marseille et M. Mirès.

« Quoique par sa nature la conclusion de cette affaire n'excédât pas la limite des pouvoirs locaux, j'ai pris des renseignements sur les circonstances qui ont porté l'administration municipale à souscrire ce marché, et il résulte que cette administration *vous avait offert la concession* de l'éclairage aux mêmes conditions que celles qui ont été consenties par M. Mirès ; elle n'a traité définitivement avec ce dernier qu'après avoir vainement attendu votre acceptation.

« En cet état de choses, la ville de Marseille a fait tout ce qu'on pouvait raisonnablement exiger d'elle pour ménager vos intérêts, sans sacrifier les siens ; et, par conséquent, l'autorité supérieure n'aurait aucun motif, quand bien même elle en aurait le droit, de mettre obstacle à *l'exécution du contrat intervenu.*

« Recevez, etc.

« *Le ministre secrétaire d'État au département de l'intérieur,*
« *Signé :* BILLAUT. »

Dès que la concession nous fut définitivement accordée, nous nous mîmes en rapport avec les anciennes compagnies pour le rachat de leur matériel ; mais les exigences de la Compagnie anglaise furent tellement élevées, que nous ne pûmes nous entendre avec elle ; et pour être en mesure de nous substituer aux anciennes compagnies dans le court délai qui nous était accordé, nous dûmes commencer promptement la construction d'une usine considérable et préparer l'exécution rapide d'une canalisation qui, aux termes de notre cahier des charges, était de 100,000 mètres.

La seconde Compagnie, représentée par M. Féraud, était propriétaire d'une usine sur le Prado, à l'extrémité opposée de l'usine que nous faisions construire à Arenc ; nous avions intérêt à l'acquérir, afin, s'il le fallait, d'emmaganiser dans les gazomètres le gaz qui serait nécessaire dans le quartier du Prado, et aussi pour utiliser la canalisation de cette Compagnie. En conséquence, une expertise fut faite : cette expertise évalua le terrain, d'une superficie de 5,818 mètres, le matériel, les gazomètres et 5,000 mètres de canalisation, le tout à 115,000 fr., prix auquel nous fîmes l'acquisition de cette usine.

Quant à la Compagnie André, établie sur un terrain qu'elle n'avait pas acquis, tant son existence était précaire, elle n'avait aucune valeur pour nous; sa canalisation comme son matériel ne pouvaient même pas nous servir; aussi aucune proposition ne put lui être faite.

Nous vous devions ces explications, Messieurs, afin de vous édifier sur les difficultés que nous avions rencontrées avant de parvenir à constituer la Société qui devait exploiter le privilége que nous avions obtenu de la municipalité de Marseille.

L'exploitation de l'usine à gaz a été commencée dans le second semestre de 1857. Les avantages que nous allions recueillir de cette exploitation étaient considérables; car nous allions trouver un débouché pour les charbons menus de Portes, en même temps que les cokes produits par le gaz seraient utilisés par les hauts-fourneaux.

Grâce à cet ensemble de faits, l'usine à gaz a pu produire, pour l'année 1858, 540,400 fr. Le produit ne sera pas inférieur, pour 1860, à 600,000 fr.; et si l'on considère l'accroissement de la population à Marseille, l'agrandissement de la ville, la création de nouveaux quartiers, il nous semble que prévoir des produits qui donneront, en peu d'années, un million par an, c'est ne faire qu'une évaluation raisonnable.

C'est sous l'influence de cette opinion que nous avons souscrit au pair les 7,200,000 fr. d'actions que cette Société a été autorisée à émettre pour solder le chemin de fer construit de Portes à Alais, les emménagements de ses mines et les dépenses nécessaires pour l'agrandissement de l'usine à gaz déjà insuffisante.

Nous avons été guidés dans cette circonstance par diverses considérations que nous croyons devoir vous faire connaître.

Les établissements financiers puisent leur principale puissance dans la confiance qu'ils inspirent, c'est-à-dire dans le crédit; une Société financière qui laisserait dans l'embarras une entreprise qu'elle aurait fondée serait gravement compromise, et l'atteinte que son crédit en ressentirait serait aussi grave, et peut-être plus fâcheuse, que la perte d'une partie de son capital.

Ces considérations, quelque judicieuses qu'elles soient, ne nous auraient cependant pas déterminés à souscrire au pair l'accroissement du capital de la Société des gaz et hauts-fourneaux de Marseille, si, d'abord, aux termes des statuts, nous n'avions pas été tenus de fournir le capital nécessaire au chemin de fer, et, en outre, si cette Société n'avait pas présenté non-seulement tout les caractères de sécurité, mais, en outre, les plus heureuses perspectives d'avenir.

Enfin, Messieurs, nos avances à cette Société s'élevaient déjà à 5,900,000 fr., affectés principalement comme nous l'avons déjà dit :

1° A la construction du chemin de fer de Portes;

2° Aux aménagements des mines de Portes, afin d'élever l'importance de l'extraction;

3° A l'agrandissement de l'usine à Gaz, déjà insuffisante pour les besoins croissants de Marseille.

Or, Messieurs, la situation et l'avenir de ces établissements nous étaient connus, de sorte qu'en souscrivant au pair les 7,200,000 fr. d'actions de cette Société, nous avons satisfait à ce que nous considérons comme un devoir, aux obligations que nous avons contractées, enfin nous avons consolidé notre créance et fait en même temps un excellent placement (1).

Vous trouverez, nous n'en doutons pas, dans ces considérations, la justification de nos actes.

Tel est, Messieurs, l'ensemble des affaires créées par nous jusqu'à l'année 1856. C'est à partir de cette année que se produisit la réaction contre les affaires, provoquée par les exagérations du mouvement. Quant à nous, nous sommes restés dans les limites commandées par la prudence, et nous n'avons donné notre concours à aucun projet hasardeux. Vous en aurez la preuve dans le titre seul des entreprises et opérations auxquelles nous nous sommes associés depuis 1856 : la Société des ports de Marseille, l'Emprunt espagnol de 800 millions de réaux, la Société générale des chemins de fer romains et le chemin de fer de Pampelune à Saragosse.

SOCIÉTÉ DES PORTS DE MARSEILLE.

La transformation commerciale qui s'est opérée au quinzième siècle a eu deux causes : la première, c'est la découverte du cap de Bonne-Espérance ; la deuxième, l'absence complète de sécurité dans la Méditerranée et l'Adriatique, envahies par les corsaires barbaresques. La destruction des pirates de l'Afrique, en rétablissant la sûreté des mers, a rétabli une partie des communications du Levant avec Marseille. La conquête de l'Afrique par la France devait naturellement contribuer à la prospérité de notre grand port méditerranéen.

Aujourd'hui, de même que le port de Marseille est sans contredit le premier port de l'empire, de même la ville de Marseille en est la seconde cité.

Dans quelques années, le percement de l'isthme de Suez rétablira définitivement le courant commercial qui a fait pendant tant de siècles la puissance et la richesse de la Phénicie, de l'Égypte, de Carthage, de l'Arabie, de Gênes et de Venise.

La ville et le port de Marseille sont les héritiers directs de toutes ces grandeurs, de toutes ces richesses ; c'est au centre même de cet avenir, c'est sur les nouveaux ports que sont situés les terrains qui sont la propriété de la Société des ports de Marseille.

Dans notre opinion, les 400,000 mètres de terrains que nous avons acquis de l'État par l'intermédiaire de la ville de Marseille représentent une valeur actuelle de 60 millions, soit environ 150 fr. le mètre. Cette appréciation, très juste selon nous, a été soumise à l'investigation de l'administration supérieure, lorsque le conseil d'Etat a été appelé à approuver la constitution de cette Société sous la forme anonyme. Les agents du Gouvernement n'ont pas adopté nos bases d'évaluation, et, réduisant les prix dans une forte proportion, ils ont fixé la valeur des 400,000 mètres à 40 millions. Si de cette évaluation, que d'ailleurs nous avons contestée, on déduit le montant des obligations, soit 10 millions, il resterait 30 millions pour les actionnaires, soit 1,000 fr. par chacune des 30,000 actions qui forment la représentation du capital de la Société anonyme approuvée par décret du 16 août 1859. Quant à nous, nous maintenons nos appréciations

(1) Souscrire au *pair* des actions qui perdent environ 50 0/0, c'est faire un bon placement ! *Amen*.

d'avenir; et nous sommes convaincus que la valeur totale à répartir aux actionnaires ne sera pas moins de 50 millions.

Ainsi, Messieurs, soit qu'on considère nos évaluations, soit qu'on s'en tienne à celles faites pour le conseil d'État par les agents du Gouvernement, la valeur réelle des nouvelles actions de la Société des ports de Marseille est de 1,000 à 1,600 fr. Or, en fixant dans notre inventaire le prix de ces actions nouvelles au pair de 500 fr., nous n'avons fait qu'une évaluation inférieure à leur véritable valeur (1).

EMPRUNT ESPAGNOL.

Dans le courant du mois de novembre 1856, nous fûmes appelés à Madrid pour un emprunt que le gouvernement espagnol voulait contracter. Dès notre arrivée à Madrid, nous fîmes des efforts pour réunir et concilier les diverses influences financières. Malheureusement, à Madrid comme à Paris, elles étaient divisées par de stériles jalousies; la situation avait même un caractère particulier, dû aux habitudes financières du pays.

Nous pouvions obtenir à 35 fr. du 3 p. 100 espagnol extérieur, dont les coupons se payent à Paris et à Londres au change fixe de 5,40 la piastre. Sous l'influence des oppositions qui nous furent suscitées, nous dûmes payer 20 millions de réaux de plus, et lorsque nous voulûmes émettre cet emprunt à la Bourse de Paris, les mêmes rivalités qui nous avaient poursuivis à Madrid firent, sur le marché français, une espèce de crise qui entrava le cours de notre souscription.

Ce même fonds est aujourd'hui à 45 fr., c'est-à-dire à 30 p. 100 plus haut que le cours auquel nous l'avons souscrit. Comme depuis trois ans les souscripteurs ont touché plus de 8 p. 100 par an, on peut estimer que cette affaire aurait présenté un bénéfice de 30 millions de francs.

Pour nous, Messieurs, par suite des rivalités, des entraves que nous avons rencontrées, cette opération, qui aurait été si brillante, a donné des résultats presque nuls. Tristes effets de ces luttes si funestes à tous les intérêts.

SOCIÉTÉ GÉNÉRALE DES CHEMINS DE FER ROMAINS.

Par rescrit du saint-père, en date du 29 juillet 1859, le gouvernement pontifical a autorisé la Société générale des chemins de fer romains à absorber les deux lignes de Rome à Frascati et de Rome à la frontière napolitaine. Le gouvernement de Sa Sainteté, par le même rescrit, a accordé une garantie de revenu de 300,000 fr. par an pour la ligne de Rome à Frascati.

Il résulte de ce rescrit, comme des actes de concession, que la garantie d'intérêt accordée pour la ligne de Rome à Ancône, Bologne et Ferrare, et de Rome à Frascati et à la frontière napolitaine, s'élève à 12,420,000 francs, soit 6 p. 100 du capital présumé nécessaire de 207 millions.

Indépendamment de ces diverses concessions, qui se rattachent à la garantie accordée par le gouvernement du saint-père, la Société générale des chemins de

____

(1) Et dire que dans le public, à la Bourse, parmi les banquiers, ou se rend si peu compte de la valeur de cette affaire, que les actions se négocient avec une perte de près de 20 %. Il y a donc aussi des valeurs incomprises!

fer romains est encore concessionnaire de la ligne de Rome à Civita-Vecchia, dont les dépenses sont comprises dans le capital de 207 millions, et dont le produit s'ajoutera aux 12 millions 420,000 fr. de revenu garanti.

Le rescrit du saint-père, du 29 juillet 1859, a été l'origine d'une réforme des statuts demandée par le gouvernement de Sa Sainteté, et à laquelle la Société générale des chemins de fer romains a adhéré.

Ce résumé succinct des avantages que présente un ensemble de concessions qui embrasse les provinces les plus riches et les plus populeuses de l'Italie centrale, avantages qui se traduisent par une garantie de revenu de 6 p. 100, explique suffisamment le concours que nous avons donné à cette grande affaire, et prouve la modération de nos estimations en ne portant qu'au pair la valeur effective des actions des chemins romains.

PROPRIÉTÉS IMMOBILIÈRES.

L'ensemble de nos propriétés immobilières dépasse une valeur de 10 millions de francs. Voici dans quelles circonstances la plupart de ces propriétés ont été successivement acquises.

La première est une maison située rue de la Chaussée-d'Antin, n° 26. Elle appartenait à un débiteur de la Société. Nous en sommes devenus acquéreurs pour nous couvrir de nos avances, qui s'élevaient à une somme considérable. — Cette propriété, achetée 1,400,000 fr., figure à notre actif pour 1,500,000 fr., et rapporte 80,000 fr. par an.

La seconde propriété est l'hôtel où se trouve actuellement le siége de la Société; elle représente dans nos comptes une somme de 1,500,000 fr. C'est précisément le prix qu'elle nous coûte, en y comprenant les dépenses faites pour l'approprier à nos besoins.

Le deuxième, le troisième et le quatrième étage sont loués aux chemins romains, à la Société des ports de Marseille et à celle des gaz et hauts-fourneaux de Marseille, ce qui réduit l'importance de nos frais.

La troisième propriété de notre Société consiste en 34,500 mètres de terrain situés dans le quartier Chaillot, aux Champs-Elysées. Ils ont été acquis dans le commencement de l'année 1858, et représentent, avec les frais d'acquisition et les intérêts, une somme de 4 millions.

Une partie a été revendue à M. le Préfet de la Seine. L'excédant qui nous reste, admirablement placé sur le nouveau boulevard de l'Empereur et la rue d'Angoulème prolongée, assure une réalisation avantageuse lorsque ces grandes voies se-ront ouvertes.

Nous avons également acquis la maison située rue de Richelieu, 97, et connue sous le nom d'*hôtel des Princes*. Cette maison, située à proximité de notre administration, de la Bourse et du boulevard des Italiens, se prête à des combinaisons très avantageuses pour l'industrie et le commerce. Des propositions de location très brillantes nous sont faites, qui justifient et au delà la valeur de 3 millions que nous lui avons attribuée dans notre inventaire, quoique le prix d'achat avec les frais et les intérêts ne soit que de 2,500,000 fr.

Enfin, la dernière de nos acquisitions consiste en terrains situés à Marseille ; cette acquisition se rattache à des plans considérables que nous vous rappellerons.

Les projets grandioses du Gouvernement sur Marseille appellent la transformation de cette cité : aussi avons-nous, dans le mois de mai 1858, demandé la concession de la vieille ville. Mais, pour réaliser ce projet, qui amènera le déplacement d'une population de 50,000 habitants, il fallait s'assurer des terrains à bâtir à proximité des nouveaux ports. C'est dans cette prévision que nous avons acheté environ 50,000 mètres de terrain aux prix de 5 fr. 50 c., 6 et 8 fr. le mètre ; la plus-value qui s'est opérée depuis nos acquisitions en a élevé le prix à 15 et 20 fr. le mètre ; nous nous sommes bornés à les faire figurer, à l'inventaire, au prix de 10 fr. le mètre.

Vous voyez, Messieurs, que, pour cette partie de notre actif, nous avons été réservés comme nous le devions, afin de vous présenter une situation aussi sincère que possible.

CHEMIN DE SARAGOSSE A PAMPELUNE.

L'absence d'affaires nouvelles en France, pendant les années 1857, 1858 et 1859, nous préoccupait beaucoup ; nous pensions que la nécessité impérieuse du travail, que l'accroissement des dépenses pour tous, rendaient nécessaire le développement des richesses mobilières ; nous espérions que les restrictions apportées au marché des fonds publics, aux valeurs mobilières et à l'esprit d'association, auraient un terme, lorsque l'expérience du système restrictif suivi pendant ces trois années serait complète. Sous l'influence de cette opinion, nous avons étudié le chemin de Saragosse à Pampelune, et les avantages exceptionnels de cette ligne nous ont séduits. En effet, ce chemin, situé dans la partie la plus riche, la plus populeuse de l'Espagne, et la plus rapprochée de France, est aussi la voie la plus courte qui relie les deux capitales, Paris et Madrid.

Le chemin de Pampelune à Saragosse se raccorde, d'une part, à la ligne de Saragosse à Madrid, et de l'autre à la ligne d'Irun à Madrid, formant la concession du nord de l'Espagne.

Par le chemin de Pampelune à Saragosse, la distance jusqu'à Madrid est de 554 kilomètres. Par le chemin du nord de l'Espagne, la distance jusqu'à Madrid est de 634 kilomètres, soit une différence d'environ 80 kilomètres en faveur de la ligne de Pampelune à Saragosse, différence qui lui assure la plus grande partie du trafic entre la France et Madrid et les contrées les plus fertiles de l'Espagne.

Cette ligne fut concédée, le 9 octobre 1857, à M. de Salamanca. Les travaux, entrepris immédiatement, ont été poussés avec une telle activité, que la première section sera livrée à l'exploitation dans le trimestre prochain, et la ligne entière, entre Pampelune et Saragosse, à la fin de l'année courante.

Les statuts de la Société du chemin de Pampelune à Saragosse ont été approuvés par décret royal en date du 14 décembre 1859.

Cette ligne, placée entre deux grands réseaux, devait être le trait d'union entre deux grandes influences financières ; toutefois nous supposions que si nous ne parvenions pas à éteindre ces rivalités, le rachat du chemin de Pampelune à Saragosse à de brillantes conditions était une nécessité pour l'un ou l'autre des deux réseaux voisins. Cependant cet attrait ne nous aurait pas déterminés à entrer dans cette affaire, si, indépendamment de sa situation, la ligne n'avait pas été l'une des meilleures de l'Espagne comme produit.

Nous pouvons, du reste, vous faire connaître que les prévisions que nous avons eues en devenant acquéreurs de cette ligne sont sur le point de se réaliser; des négociations sont engagées, soit pour l'exploitation, soit pour un rachat avec une puissante compagnie. Vous nous permettrez de ne pas vous en dire davantage dans ce moment; mais on peut considérer les actions du chemin de Pampelune à Saragosse comme équivalant aux meilleures actions des lignes françaises.

Cette appréciation ne vous étonnera pas, Messieurs, lorsque nous vous dirons que le chemin de Pampelune à Saragosse sera de tous les chemins actuellement en construction en Espagne celui qui sera le premier en exploitation, et qu'il dessert les contrées les plus riches de la Navarre et de l'Aragon, qu'il est en communication avec la Méditerranée par le chemin de fer de Barcelone à Saragosse, et qu'il forme la ligne qui met en communication toutes les contrées les plus fertiles et les plus populeuses de l'Espagne avec la France.

Cette ligne, indépendamment de ce qu'elle domine les deux grands réseaux du nord de l'Espagne et de Saragosse à Madrid, n'est comparable, comme situation, avec aucun autre chemin; car les têtes de lignes de Paris à Orléans, Rouen, Amiens, etc., ne desservent que des provinces, tandis que le chemin de Pampelune à Saragosse est l'intermédiaire obligé et pour ainsi dire l'entonnoir par où doivent passer la presque totalité des transports entre les deux pays, la France et l'Espagne.

Vous comprenez, Messieurs, qu'avec l'espérance que nous avions de voir cesser les entraves mises au marché des fonds publics, aux affaires et à l'esprit d'association, cette affaire, qui assurait une nouvelle clientèle à notre établissement et présentait des avantages exceptionnels, méritait à plusieurs titres d'attirer notre attention.

Après avoir exposé la série des entreprises que nous avons fondées ou auxquelles nous nous sommes associés, permettez-nous de vous dire les obstacles que nous avons rencontrés et qui ont embarrassé le développement de notre établissement. Ces obstacles, Messieurs, sont la conséquence de mesures administratives que nous ne discuterons pas, mais que nous constatons parce que nous le devons dans l'intérêt de la vérité et pour la justification de notre gestion.

La première mesure qui nous ait atteints, c'est le décret du 17 octobre 1853 qui a autorisé l'introduction pendant trois ans des fontes anglaises. Nous convenons que le commerce, la navigation et l'industrie ne pouvaient subir sans grands dommages les hauts prix auxquels étaient montés le fer et la fonte; aussi ce décret peut-il être considéré de la part du Gouvernement comme une nécessité. Mais il nous sera permis de vous dire qu'il a eu une influence fâcheuse pour les hauts-fourneaux et fonderies de Saint-Louis.

La seconde mesure, c'est la loi sur les sociétés en commandite du 17 juillet 1856, loi enfantée par les abus qui s'étaient produits.

La troisième, c'est le droit d'entrée à la Bourse, qui a amoindri le marché juste au moment où nous avions à émettre la plus grande partie de nos valeurs.

La quatrième, c'est la loi de juin 1857 sur les valeurs mobilières, qui frappe d'impôt le capital aggloméré par l'association; principe si contraire à l'ancienne législation, qui favorisait l'association et l'agglomération des capitaux.

La cinquième, c'est le décret du 22 mai 1858 sur les valeurs étrangères.

Nous devons aborder maintenant avec netteté la situation faite à notre Société, et en général aux sociétés financières, par la nouvelle loi sur les Sociétés en commandite.

DE LA FORMATION DE L'INVENTAIRE.

Dans notre assemblée du 28 avril 1859, nous vous disions :

« Jusqu'à ce jour nous avons cru devoir payer l'intérêt sans autorisation préa-
« lable de l'assemblée. L'état des affaires en 1853, le prix des reports, en donnant
« une certitude de bénéfices, justifiait, en réalité, les prescriptions de nos statuts.
« Il pourrait, à l'avenir, n'en être pas de même, car la jurisprudence paraît enten-
« dre dans un sens plus rigoureux et plus absolu l'interdiction de la loi. Nous avons
« dû, dans le doute, recourir aux lumières des jurisconsultes éminents. Ils ont
« pensé que la loi et la jurisprudence ne permettaient pas de distribuer ni intérêt ni
« dividende avant l'inventaire. Nous avons dû nous soumettre à leur décision
« éclairée.
« Nous examinerons si quelque combinaison ne pourrait pas concilier les pre-
« scriptions de la loi et les habitudes de notre Société. »

Comme nous vous l'avions promis, Messieurs, nous avons étudié sous quelle forme il nous serait permis de vous payer, en janvier et juillet, les intérêts de votre capital ; mais quels qu'aient été nos désirs à cet égard, nous avons dû nous incliner devant les avis unanimes des jurisconsultes, qui nous ont déclaré que tout payement d'intérêt était considéré comme un dividende, et que, par conséquent, cette distribution, aux termes de la nouvelle législation, telle qu'elle avait été interprétée par la jurisprudence, devait être précédée d'un inventaire.

Ici, Messieurs, s'est présentée une première difficulté pour la formation de cet inventaire. Sur quelle base serait-il établi, pour échapper à la critique ? Nous n'avons pas voulu résoudre cette question sans votre participation, et, pour remédier en partie aux inconvénients de la nouvelle législation, nous avons devancé l'époque ordinaire de vos assemblées.

Pour que vous puissiez apprécier nos préoccupations à l'égard de la forme dans laquelle doit être fait notre inventaire, nous croyons devoir vous expliquer les embarras que peuvent susciter ces inventaires, lorsqu'ils s'appliquent à des établissements financiers dont le capital-actions se négocie à la Bourse, surtout lorsque ces actions, par leurs nombreuses fluctuations, attirent des spéculateurs qui sont les uns intéressés à la hausse, les autres intéressés à la baisse de ces mêmes actions dont l'inventaire va fixer la valeur.

Vous comprenez, Messieurs, combien pour ces sociétés les précautions doivent être grandes, lorsqu'il s'agit de faire l'estimation du portefeuille, surtout lorsque cet inventaire est exposé à la critique d'intérêts opposés, représentés par la spéculation ; intérêts qui éprouveront, les uns une perte, les autres un bénéfice, selon la manière dont les estimations auront été faites.

Vous pourrez juger de notre embarras pour faire cette appréciation, lorsque nous vous démontrerons que l'estimation des valeurs mobilières présente de telles difficultés, qu'on peut, avec une égale sincérité, estimer ces valeurs plus haut ou plus bas. Aussi considérons-nous comme impossible, pour les établissements financiers dont l'actif se compose de valeurs mobilières, la formation d'un inventaire sur des bases qui puissent échapper d'une manière absolue à la discussion.

Si l'on nous objecte que la Banque de France et le Comptoir d'escompte peuvent faire leurs inventaires sans difficulté, nous répondrons que ces établissements sont limités par leurs statuts au rôle d'intermédiaires; qu'il leur est interdit de s'associer à aucune affaire, et que, par suite, leur actif est toujours représenté par des valeurs à échéances fixes, puisque, lorsqu'ils font des prêts sous une forme quelconque, ils ont la contre-partie en engagements à ordre et escomptables, à une échéance maximum de 90 jours.

Mais dans les sociétés financières comme celles qui ont été formées dans ces derniers temps dans toutes les parties de l'Europe, et dont la Société de Crédit mobilier a fourni l'exemple, dans ces sociétés, disons-nous, fondées pour servir d'appui et d'intermédiaire à l'industrie, féconder les travaux publics, et dont la mission spéciale était précisément de s'associer aux entreprises industrielles, l'actif n'est pas représenté par des valeurs escomptables, comme à la Banque de France et au Comptoir d'escompte : cet actif est composé précisément des valeurs représentant les entreprises fondées ou patronnées par les sociétés financières, valeurs qui subissent tant d'influences diverses avant d'arriver à être parfaitement appréciées.

En effet, les valeurs doivent, pour être justement capitalisées et être classées dans l'opinion des capitalistes, avoir atteint toute leur puissance, c'est-à-dire, représenter des entreprises achevées, en pleine exploitation, et dont les produits sont parvenus à réaliser les espérances qui ont servi de base à leur constitution. La situation plus ou moins favorable du marché est encore un élément qui sert à élever ou à abaisser le niveau des valeurs mobilières, sans que les revenus ou les probabilités de revenus justifient les prix qui sont le résultat de ces événements, tous étrangers aux entreprises.

L'influence des hommes qui patronnent ces entreprises contribue également à élever ou à abaisser les cours; le degré plus ou moins grand d'avancement des travaux est encore une cause qui les modifie, selon que la réalisation des espérances est prochaine, ou que le peu d'avancement des travaux fait craindre qu'un long temps ne s'écoule avant la réalisation des espérances.

Lorsque les valeurs qu'il s'agit d'estimer sont soumises à tant d'éléments divers d'appréciation, est-ce qu'il est permis de faire un inventaire qui soit, nous ne dirons pas rigoureusement exact, mais seulement approximatif ?

Mais, dira-t-on peut-être, les cours de la Bourse sont la base qui doit servir de régulateur.

Nous répondrons que jamais base ne fut plus arbitraire, plus erronée, car les cours de la Bourse ne sont pas des prix régulateurs, mais des constatations de transactions, et rien de plus, puisque ces transactions ne sont précédées d'aucune estimation. Pour les grains et métaux précieux, il y a une base qui permet d'apprécier leur valeur; pour les grains, ce sont les mercuriales, et pour les métaux précieux, c'est le titre des monnaies; pour quelques marchandises, on peut aussi trouver, dans la consommation, la justification du cours des denrées alimentaires.

Mais, pour des actions d'une entreprise dont les titres sont nombreux, est-ce que le prix auquel se vendent quelques actions est la détermination de la valeur du capital social ? Évidemment non ! car il arrive chaque jour que le détenteur de quelques actions ait besoin de les réaliser, et si, dans le même moment, il n'y a pas un acheteur qui ait le désir de faire un placement, il est probable que la vente ne se fera qu'avec une dépréciation, puisque le marché des actions subit plus fortement que tout autre marché la loi absolue de l'offre et de la demande.

Est-ce que le prix auquel cette vente aura été faite sera la représentation vraie de la valeur de l'entreprise d'où émanent les actions vendues ? Certes, si le prix de quelques actions vendues à la Bourse et les cours constatés devaient servir de base à l'estimation du capital social, les précautions prises par la loi contre les inventaires frauduleux seraient bien illusoires : car, en commettant à un agent de change l'ordre de vendre, et à un autre l'ordre d'acheter, on obtiendrait ainsi la constatation d'un cours de fantaisie, et l'inventaire, quoique régulier, manquerait de la sincérité exigée par la loi, et présenterait un bénéfice ou une perte au gré de la spéculation.

Exposer ces hypothèses, n'est-ce pas démontrer que le cours de la Bourse ne peut être la base d'un inventaire sérieux ?

Si la formation de l'inventaire ne peut avoir pour base le cours de la Bourse, comment peut-on l'établir ?

Nous répondrons franchement que nous n'avons pu trouver la solution de ce problème, et que l'indécision qui en est résultée dans notre esprit a été précisément la cause qui nous a déterminés à vous réunir avant l'époque ordinaire de vos assemblées, pour vous soumettre nos doutes.

Nous savons très bien, Messieurs, que l'étendue de nos pouvoirs nous permettait de prendre à cet égard une résolution ; mais, nous vous le répétons, lorsque l'erreur d'appréciation, si facile en pareille matière, peut se traduire par des plaintes, qui certainement seraient repoussées, mais dont l'examen et la discussion ont été réservés par la loi aux tribunaux répressifs, vous comprendrez que nous n'ayons voulu agir qu'avec votre approbation.

C'est pour cela, Messieurs, que nous vous avons exposé la valeur réelle et l'avenir des entreprises que nous avons fondées, afin de vous permettre de juger en connaissance de cause les propositions qui vous sont soumises : car notre portefeuille se compose, en grande partie, des valeurs que nous avons créées ; et elles ont été estimées, non pas d'après les probabilités d'avenir qu'elles ont, mais aux prix les plus bas que nous puissions admettre, le pair des actions.

Quand nous vous disons, Messieurs, que nous avons estimé nos valeurs au plus bas prix possible, nous sommes dans le vrai, puisque nous n'avons tenu aucun compte de l'avenir assuré à des entreprises dont les unes sont à peine achevées, d'autres encore en construction ; aussi croyons-nous avoir fait une évaluation inférieure à la réalité.

En effet, est-ce que les actions de la plupart de nos chemins de fer, pendant leur construction, ont été négociées à des prix aussi élevés que ceux qu'elles ont atteints lorsque l'exploitation est venue attribuer aux actions leur valeur effective ? Évidemment non ! et nous pourrions citer, pour ainsi dire, tous les chemins de fer.

Nous nous bornerons, comme exemple, à indiquer les chemins d'Orléans et de

Rouen , dont les actions sont tombées à 450 fr. pendant la construction , pour monter à 12 et 1,400 fr. en 1845, après deux années d'exploitation. Plus récemment, nous citerons le chemin de Lyon à Avignon, dont les actions se négociaient difficilement au pair pendant la construction , et qui , quelques années plus tard , après l'exploitation, sont montées à 2,000 fr.

C'est le sort des valeurs mobilières, dont les prix subissent des fluctuations si nombreuses, et pour tant de causes diverses, de ne pouvoir, comme les marchandises, faire l'objet d'une estimation parfaitement exacte. Cependant, Messieurs, nous avons cherché par quels moyens nous pourrions remédier à toutes les impossibilités, comme aussi aux inconvénients que nous vous avons signalés , pour l'évaluation du portefeuille des sociétés financières, et nous avons trouvé que le pair des actions, justifié par la capitalisation d'après le revenu actuel, serait une base judicieuse ; base certainement imparfaite , et plutôt nuisible que profitable à notre Société, puisque cette capitalisation s'applique à des entreprises dont le développement industriel n'a pu encore se produire.

Eh bien! Messieurs, même en adoptant ce mode de calcul, nos évaluations sont confirmées ; vous reconnaitrez dès lors que nous n'avons rien négligé pour vous soumettre une situation aussi réelle , aussi sincère que possible.

A l'appui de ces considérations, Messieurs , nous pourrions invoquer d'imposantes autorités, et il suffit de vous signaler que la Banque de France et le Crédit foncier, dont le portefeuille contient une quantité considérable de titres de rentes, les portent dans leurs inventaires au prix d'acquisition, sans tenir compte de la Bourse.

Il nous reste maintenant à vous entretenir de notre bilan et des propositions qui vont faire l'objet de vos délibérations.

Pour abréger un rapport déjà si long , nous comprendrons dans l'exposé complémentaire de nos propositions les explications sur le bilan , dont le présent rapport vous a fourni les principaux éléments.

Ces propositions-forment un ensemble rédigé dans un but essentiellement protecteur de vos intérêts. Nous avons pensé que , dans les circonstances actuelles , telles que nous les avons appliquées , lorsqu'il est difficile de prévoir, soit la suppression des mesures restrictives auxquelles sont assujetties les valeurs mobilières et le marché des fonds publics, mesures qui entravent la formation d'entreprises nouvelles ; nous avons pensé, disons-nous, qu'il était prudent de circonscrire la responsabilité que la nouvelle législation impose à la gérance ; nous vous proposons, en conséquence, de réduire notre capital social, et de nous donner l'autorisation de distribuer aux actionnaires une partie de notre actif.

Mais pour atteindre ce but, il est indispensable que notre Société soit préalablement dégagée de tous les engagements qu'elle a contractés envers la Société des chemins de fer romains et la Société du chemin de fer de Saragosse à Pampelune.

Nous allons, du reste, vous fournir successivement les explications les plus précises sur chacune des propositions que nous vous soumettons.

La première proposition est relative à l'approbation des comptes et des estimations que nous avons faites.

L'examen détaillé de toutes les entreprises fondées ou patronnées par nous, et dont les titres forment la plus grande partie de notre portefeuille , et la base adoptée pour nous, c'est-à-dire le pair des valeurs, doivent avoir porté dans votre esprit, Messieurs, cette conviction que nos évaluations sont plutôt inférieures que supérieures à la valeur effective.

Le bilan, arrêté au 31 décembre 1859, présente les résultats suivants :

Bilan de la Caisse générale des Chemins de fer au 31 décembre 1859.

ACTIF.

Espèces, Banque de France, effets à recevoir et coupons. . . .	2,002,288	82
Rentes, actions et obligations de chemins de fer, etc.	19,777,055	31
Chemins romains, Pampelune, Gaz de Marseille, etc.	77,974,800	»
Propriétés immobilières	10,729,193	72

Propriété du *Journal des Chemins de fer,* et clientèle :
1° Ancienne clientèle et propriété du journal d'après les statuts 1,000,000
2° Clientèle des affaires nouvelles, Chemins romains, Pampelune à Saragosse, Ports et Gaz de Marseille, etc. 1,000,000
Cautionnement du journal 37,500

	2,037,500	
	112,520,837	**85**

PASSIF.

Capital social.	50,000,000	»
Soldes comptes divers.	49,399,116	96
Effets et coupons à payer.	3,557,802	80
Total du passif	102,956.919	76
Excédant de l'actif.	9,563,918	09
	112,520,837	**85**

Nous avons compris dans le bilan de 1859 non-seulement l'actif et le passif correspondant directement au capital social, comme dans le bilan de 1858, mais les valeurs représentatives des engagements que nous avons contractés avec les chemins romains et le chemin de Saragosse à Pampelune. Cette dernière partie de notre situation ne figurait pas dans le bilan de 1858, parce que nous n'avons acquis le chemin de Pampelune qu'après cette date, et parce que l'affaire des chemins de fer romains était l'objet de négociations importantes, de nature à en modifier utilement les conditions. Nous sommes heureux de vous faire connaître que des dépêches récemment arrivées de Rome annoncent le succès complet de ces négociations.

Vous remarquerez, dans cette situation, le chiffre de nos comptes courants, qui se solde au débit par 49 millions. Mais ce chiffre est dû à des compagnies qui ne peuvent nous demander des versements que pour le payement de leurs travaux, de sorte que nous connaissons un an à l'avance, par leurs budgets, les besoins de ces compagnies, et nous n'avons pas à redouter les demandes de remboursements imprévus qui compromettent si souvent l'existence des sociétés financières.

Nous avons dû, dans votre intérêt, ne négliger aucun des éléments qui constituent votre actif. C'est ainsi que, dans l'estimation de votre clientèle, fixée, à l'origine de notre société, à un million, nous avons dû tenir compte de l'accroissement de valeur apporté à cette clientèle par un plus grand nombre de correspondants et par les chemins romains, les ports, le gaz de Marseille et le chemin de Pampelune à Saragosse. Nous croyons avoir été très modérés en portant cette augmentation à un million. Elle vaut certainement davantage.

Nous avons compris également dans l'actif les réserves statutaires et immobilières.

Enfin, nous pouvons ajouter qu'un excédant d'actif aussi considérable, même après le payement des intérêts, est plus que suffisant pour nous mettre à l'abri de tout mécompte, au cas où, contre toute attente, quelques atténuations se produiraient dans la réalisation de notre actif.

La seconde proposition comprend la distribution d'une somme de 25 fr. par action pour l'exercice 1859 : c'est la conséquence de la première proposition.

Vous vous étonnerez peut-être, Messieurs, qu'avec un actif qui excède de 9,560,000 fr. notre capital social, la distribution que nous vous proposons soit limitée à 25 fr. par action. Mais nous vous ferons observer que, dans ce chiffre, nous avons fait figurer l'accroissement de notre clientèle pour 1 million, et, de plus, qu'une distribution plus forte aurait pu donner de la consistance aux critiques des adversaires du système que nous avons adopté pour l'évaluation de notre actif. A la force de nos motifs il fallait ajouter la modération et la réserve de nos propositions : cette double base les rend, à nos yeux, inattaquables.

La troisième proposition consiste à nous donner les pouvoirs nécessaires afin de transporter à une autre société tout ou partie des engagements que nous avons contractés avec les chemins romains et le chemin de Pampelune à Saragosse. Cette faculté nous est accordée, il est vrai, par les statuts de notre Société ; mais nous en avons fait l'objet d'une proposition spéciale, en raison de l'importance même des affaires auxquelles elle s'applique, et afin de ne point risquer de nous trouver arrêtés, par une question de forme, dans nos négociations, dans le cas où nous pourrions en conclure d'utiles à nos intérêts.

La quatrième proposition nous confère les pouvoirs complémentaires nécessaires pour l'administration des propriétés immobilières ; les pouvoirs des gérants devant être beaucoup plus explicites lorsqu'il s'agit d'immeubles que lorsqu'il s'agit seulement de valeurs mobilières.

Nous vous prions aussi de ratifier une vente consentie à M. le préfet de la Seine, d'une partie des terrains de Chaillot. Le solde des terrains appartenant à notre Société aura une plus-value qui s'accroîtra précisément par l'ouverture de nouveaux boulevards. La ratification de cette vente nous est demandée par M. le préfet de la Seine.

Nous arrivons à la seconde partie des propositions qui vous sont soumises ; elles ont un caractère particulier qui vous frappera : c'est d'être à la fois éventuelles et définitives. Il le fallait ainsi pour que nous eussions la liberté d'action dont nous avons besoin afin de faciliter la réalisation du capital social. Vous comprenez, Messieurs, qu'en tout ceci nous ne pouvons avoir qu'un but, celui de protéger vos capitaux. Nous avons reçu de vous trop de preuves de confiance pour n'en être pas profondément reconnaissants, et nous puisons dans cette reconnaissance un dévouement absolu à vos intérêts ; aussi est-ce avec assurance que nous vous demandons des pouvoirs facultatifs dont nous n'userons que dans la limite de l'intérêt social.

La première proposition de cette seconde partie pose les bases d'une répartition qui a besoin d'être bien précisée, même pour s'exécuter partiellement.

La seconde proposition consiste à donner à votre conseil de gérance les pouvoirs nécessaires pour réduire le capital social à 20 millions de francs ; cette mesure, dictée par les considérations que nous avons présentées dans le courant de ce rapport, ne s'opérerait qu'après le dégagement des obligations envers les tiers. L'exécution n'aurait lieu que par voie générale.

Pour opérer la réduction du capital, comme l'indique la seconde proposition qui vous est soumise, il est d'abord nécessaire de fixer une base sur laquelle une partie de l'actif serait distribuée ; c'est ce qui fait l'objet de la première proposition, ainsi conçue :

« Le conseil de gérance est invité à préparer le remboursement du capital social
« en valeurs et espèces sur les bases suivantes :

« 1° La portion du capital social représentée par les valeurs mobilières serait
« capitalisée à 5 0/0, de manière à produire, pour chaque action, un revenu an-
« nuel de 25 fr., soit l'intérêt à 5 0/0 de la somme de 500 fr.;

« 2° Il serait, en outre, remis un titre donnant droit à la répartition des autres
« portions de l'actif. »

Cette proposition n'est, ainsi que vous le remarquerez, Messieurs, qu'un moyen d'opérer d'une manière égale la distribution d'une partie de l'actif, et nous avons pensé que la capitalisation à 5 0/0 des valeurs mobilières, pour arriver à la réduction de notre capital, était une règle qu'on pouvait admettre, parce que l'opération se ferait par voie générale, c'est-à-dire, serait appliquée également à toutes les actions ; ensuite, parce que, si cette base de capitalisation à 5 0/0 est appliquée à des valeurs qui rapportent davantage, il n'en résulte aucun préjudice pour les actions, puisqu'alors le capital social s'augmente d'autant.

Nous ne nous dissimulons pas, Messieurs, toutes les difficultés d'exécution que nous rencontrerons peut-être dans l'accomplissement d'une opération de ce genre. Mais elle est commandée par une situation qui a tout le caractère de la force majeure, puisque les perspectives qui avaient contribué à notre constitution ont en grande partie disparu. Du reste, le capital de 20 millions, ajouté à l'excédant de notre actif social, suffira pour nous maintenir encore comme établissement financier d'ordre supérieur.

Nous avons dû, Messieurs, vous proposer des mesures en harmonie avec les faits actuels, c'est-à-dire, avec l'affaiblissement de l'activité financière et industrielle. C'est la loi de tout établissement financier. Il se trouve en face de réalités. Le bon sens et la prudence lui commandent d'agir conformément à ces réalités. Là est l'explication des mesures que nous vous proposons. Faut-il en conclure que nous avons perdu toute foi en l'avenir ? Non, certes. La France est un grand pays, plein de vitalité et de ressources. Son activité peut subir un temps d'arrêt ; mais il suffit d'une puissante impulsion pour qu'elle reprenne sa marche interrompue.

Ce temps d'arrêt n'est d'ailleurs qu'un instant à peine appréciable dans l'histoire des peuples ; et lorsque l'on est témoin de mesures aussi considérables que celles prises par l'Empereur dans son récent traité avec l'Angleterre, on doit compter que la nécessité de porter secours et de fortifier notre production industrielle décidera le Gouvernement à supprimer les restrictions apportées à la circulation des valeurs et à l'agglomération des capitaux par l'association. Alors, Messieurs, se dissiperaient les craintes que nous vous avons exprimées, et vous verriez bientôt se reconstituer avec une nouvelle puissance le marché qui fut si brillant et si vaste de 1852 à 1856.

PROPOSITIONS SOUMISES A L'ASSEMBLÉE GÉNÉRALE.

Première partie.

I. Sont approuvés les comptes de l'exercice clos le 31 décembre 1859, et les estimations portées au bilan et au rapport de la gérance annexés aux présentes.

II. En conséquence de l'approbation donnée ci-dessus, il sera distribué par chaque action une somme de 25 fr. représentant l'intérêt pendant l'exercice clos au 31 décembre 1856. — Ce payement aura lieu à partir du mercredi 8 février prochain.

III. Tous pouvoirs sont, en tant que de besoin, donnés au conseil de gérance dour faire tous actes, traités, arrangements, relatifs aux conventions qui lient la Caisse générale des chemins de fer, soit avec la Société du chemin de fer de Pampelune à Saragosse, à l'effet de substituer toutes personnes ou sociétés, activement et passivement, dans tous les droits comme dans toutes les obligations qui résultent des conventions précitées.

IV. Toutes autorisations et tous pouvoirs sont donnés an conseil de gérance pour réaliser et vendre, aux prix et conditions qu'il croira avantageux, ou pour hypothéquer jusqu'à concurrence des sommes qu'il jugera nécessaires, les immeubles appartenant à la Société, qui consistent en :

1° L'hôtel sis rue de la Chaussée-d'Antin, 26 ;
2° L'hôtel connu sous le nom d'*Hôtel des Princes*, sis rue Richelieu, 97 ;
3° L'hôtel sis rue Richelieu, 99;
4° Les terrains de Chaillot;
5° Les terrains situés à Marseille.

L'assemblée générale approuve et ratifie au besoin la vente faite à la ville de Paris par MM. J. Mirès et Félix Solar, seuls membres du conseil de gérance de la Société, de divers terrains situés à Paris, quartier de Chaillot, quai de Billy, rues Basse-Saint-Pierre et Bizet, et impasse des Blanchisseuses, suivant contrat reçu par Mes Jules-Emile Delapalme et Gossart, notaires à Paris, le 29 décembre 1859, aux prix, charges et conditions, clauses et réserves, contenus audit contrat, dont il a été donné connaissance à l'assemblée.

En conséquence, elle donne pouvoir exprès au conseil de gérance de la Société de réitérer en tant que de besoin, au nom de la Compagnie, l'approbation et la ratification présentement consenties du contrat de vente susénoncé, afin qu'il puisse recevoir sa pleine et entière exécution.

Deuxième partie.

I. Le conseil de gérance est invité à préparer le remboursement du capital social en valeurs et en espèces sur les bases suivantes :

1º. La portion du capital social représentée par les valeurs mobilières serait capitalisée à 5 p. 100, de manière à produire pour chaque action un revenu annuel de 25 fr. ; soit l'intérêt à 5 p. 100 de la somme de 500 fr.

2º Il serait en outre remis un titre donnant droit à la répartition des autres portions de l'actif.

II. Le conseil de gérance est autorisé, lorsque la Caisse générale des chemins de fer aura été dégagée des conventions énoncées ci-dessus, à modifier les statuts sociaux en réduisant le capital au moyen de l'amortissement sur les bases prévues par la précédente résolution jusqu'à concurrence de 30 millions de francs, et à le fixer ainsi au moins à 20 millions, somme suffisante pour maintenir la caisse comme établissement financier d'un ordre supérieur.

A cet effet, tous pouvoirs sont dès à présent donnés au conseil de gérance pour fixer l'époque à laquelle la réduction du capital aura lieu et la quotité de la réduction ; constater par acte authentique, en présence du conseil de surveillance, cette modification des statuts ; procéder à toutes publications légales, déterminer les valeurs qui seront mises en répartition, fixer le mode, les formes et les conditions de cette répartition.

Attirer sur soi tous les regards, paraître ainsi appeler, défier toutes les investigations, n'est souvent qu'un moyen de couvrir, par de fastueuses apparences, beaucoup de choses faibles ou mauvaises. L'éblouissement produit souvent le même effet que l'obscurité ; un vieux dicton de la langue vulgaire appelle cela *jeter de la poudre aux yeux.*

Est-ce dans ce but que les auteurs du rapport-monstre qui précède ont appliqué à ce morceau d'éloquence tous les raffinements du style, affiché toutes les prétentions économiques, historiques et philosophiques avec une abondante profusion? Quoi qu'il en soit, ce n'est pas petite affaire que de démêler, au milieu de ce pathos, la situation réelle, la véritable pensée qui s'y cache.

Tentons, cependant, cette difficile entreprise.

Le rapport se divise en quatre chapitres principaux :

1º Considérations générales.

2º Exposé de la situation.

3º Formation de l'inventaire.

4º Bilan, examen des propositions.

Nous nous conformerons à cet ordre dans notre examen.

Considérations générales.

C'est surtout dans cette première partie du rapport que les rédacteurs se sont mis en frais de rhétorique et ont épuisé toutes les ressources oratoires; c'est qu'ici était le vif, le point délicat de la question. Tout en annonçant le but, il fallait le cacher dans les plis d'une phraséologie redondante; il fallait masquer cette triste conclusion : « Nous craignons que les établissements comme les nôtres ne trouvent plus de longtemps un aliment suffisant à leur activité. » Quelle chute, grands dieux! En lisant ces douloureuses paroles, de méchants esprits, toujours enclins à médire du prochain et à scruter ses pensées secrètes, pourront peut-être les traduire de cette manière : « Excellents actionnaires, nous nous sommes servis de vos capitaux aussi longtemps que nous avions notre fortune à faire; aujourd'hui nous sommes repus, nous possédons hôtels, châteaux et carrosses; à quoi bon courir de nouveaux hasards? Les temps sont changés, et nous, par-dessus tout. Quand nous n'étions que de minces personnages, nous ne prêchions qu'association de capitaux, affaires, activité brûlante. Maintenant nous sommes des Turcarets gras et bien étoffés, et nous n'avons plus de motifs pour courir les aventures. La comédie est jouée; à d'autres à la recommencer, et, comme nous, à leur bénéfice. »

Mais à cette odieuse interprétation le rapporteur a mis bon ordre, et, comme pour répondre d'avance à ces détracteurs malavisés, il s'écrie : « Croyez-vous que l'amour du gain ait été le mobile unique de ce grand mouvement? Non, Messieurs; les hommes considérables qui y ont pris part étaient poussés par de plus nobles sentiments : ils voulaient s'associer, par leur concours moral et personnel, à cette magnifique éclosion de prospérité qui se traduisait par des travaux utiles et productifs et par la diffusion du bien-être dans toutes les classes. »

Qui ne serait attendri jusqu'aux larmes par de si beaux sentiments exprimés en pareil style? Qui ne s'enorgueillirait pas d'être d'un temps où les hommes de finance foulent ainsi aux pieds les richesses pour ne penser qu'à l'honneur et à la gloire! Aussi, modernes Cincinnatus, ils vont retourner à leur charrue et à leurs humbles demeures tels qu'ils en sont sortis; et quand vous voudrez trouver modestie dans les ameublements, frugalité et tempérance, c'est chez eux qu'il vous faudra aller.

Nous éprouvons quelque regret à quitter cette touchante pastorale, mais les affaires nous commandent de poursuivre notre étude.

Après avoir fait un historique qui remonte, non pas au déluge, mais à 1838, relativement à ce qu'on appelle la fièvre industrielle, on arrive à cette florissante époque qui s'épanouit entre 1852 et 1856 et qui est l'ère des grandes conceptions industrielles, puisqu'elle a vu naître la Caisse générale. Oh! la magnifique époque! tout était fleurs et roses; mais, hélas! elle n'a aussi vécu que la vie des roses, car, dès 1857, cette brillante période était à son déclin et la *Caisse générale des chemins de fer*, cette grande conception, cet immense effort de génie, était à bout de force, sinon d'expédients, tant étaient grandes la perspicacité et la prévoyance de ses créateurs. Comment peut-il se faire que ces Atlas industriels, qui semblaient devoir porter le monde sur leurs robustes épaules, aient si tôt fléchi sous le fardeau ? C'est ici que les auteurs s'embarrassent, disons même s'embrouillent. Épineuse aussi, convenons-en, était la difficulté. Maintenir qu'on est de grands hommes, des prodiges d'habileté, et aboutir, après quelques années, à une liquidation anticipée et forcée, c'est une tâche qui ferait reculer le plus courageux. Comment colorer cette contradiction flagrante et qui saute à tous les yeux ? Aussi voyons-nous le malheureux rédacteur suer sang et eau ; il s'en prend à tous et à tout ; à tout prix, il lui faut des boucs émissaires qui puissent être chargés des péchés d'Israel ; «la situation générale des affaires, la physionomie du marché, la tendance des capitalistes, la législation nouvelle sur les valeurs mobilières, sur les sociétés commerciales par actions, sans même épargner ce pauvre tourniquet, etc., » en voilà certes plus qu'il n'en faut : tout est enveloppé dans le même concert d'anathèmes !

Exposé de la situation.

Cette partie du rapport pose en fait que toutes les opérations faites par la *Caisse générale des chemins de fer*, que toutes les entreprises qu'elle a patronnées, sont toutes, sans exception, d'excellentes affaires dont l'avenir est immense, incalculable.

Laissons l'avenir, le présent nous suffit, dit le rapport. Nous en dirons autant.

Gaz de Marseille. — Mines de Portes et Sénéchas.

Nous avons d'abord les *mines de Portes*, auxquelles on a annexé la société formée pour l'éclairage de la ville de Marseille. Quelle affaire ! Quelle incomparable affaire ! Avec quel discernement, parmi tant d'autres, elle a été choisie ! — Un beau jour, les gérants se sont aperçus que la houille était chose utile ; quelle découverte ! mais, il y a mine et mine. Des hommes vulgaires se seraient timidement enquis si les transports étaient faciles, si la consommation était assurée, — précautions vieilles et routinières, — préjugés d'un autre âge. Où serait le génie s'il fallait penser et agir comme tout le monde ? Le beau, le grand de l'affaire, était d'acheter une mine entièrement dépourvue de moyens de communication, comme le dit ingénument le rapport ; ce moyen, il faut donc le créer ; on se met en quête, et, par une habileté hors ligne, on s'adresse à une compagnie si bien choisie qu'elle ne peut exécuter son marché. Dans cette déconvenue, rien autre chose à faire que d'opérer soi-même, et on se met à construire un chemin de fer « dans un pays de montagnes où les pentes abruptes nécessitent de grands travaux. » Pour le coup, c'est à se pâmer d'admiration. Nous ne sommes pas au bout. La houille est trouvée; on construit, à frais énormes, une voie ferrée pour la transporter; mais cette houille, qu'en faire? Il fallait, dit encore le rapport, « se procurer l'écoulement des houilles; » en un mot, il fallait créer une consommation pour ce qu'on produisait. Un industriel vulgaire eût éprouvé quelque embarras; mais qu'est-ce qui peut arrêter l'essor du génie? — L'industrie métallurgique est en voie de prospérité : nous établirons des hauts-fourneaux, véritables Gargantuas du charbon, et nous créerons ainsi une bouche béante qui pourra absorber nos produits. — Mais le minerai? dira-t-on. A quoi bon s'inquiéter pour si peu? On ira le chercher en Italie, en Espagne, n'importe où. — Est-ce fini? Oh! non. — Les hauts-fourneaux nous débarrasseront bien de notre gros charbon; mais le menu nous reste sur les bras. Qu'à cela ne tienne; la fertilité d'invention ne fera pas défaut; le gaz viendra en aide, et, à tout prix, on éclairera Marseille, peu satisfait d'être éclairé par M. Mirès. Mais ceci est une question toute particulière à laquelle nous n'avons pas le loisir de nous arrêter.

Ainsi se clôt cette première opération, qui est un enchaînement de fautes accumulées et où se montrent en plein l'imprévoyance et l'incapacité. Que penser d'hommes s'annonçant comme des prodiges d'habileté et d'entente des affaires, qui viennent promettre piteusement que toute cette agglomération d'entreprises produira à peine, en 1860, 5 à 6 p. 0/0 d'intérêts? Promettre, disons nous : car nous craignons bien que ce ne soit qu'une promesse de rapport et de prospectus.

Ports de Marseille.

La *Société des ports de Marseille*, cette poésie de la *Caisse générale*, vient ensuite.

Après un pompeux préambule sur le passé, le présent, l'avenir de cette grande cité; après avoir évoqué tous les souvenirs antiques des Phocéens et des Carthaginois, toutes friperies usées et traînées dans les journaux, il faut bien arriver au faire et au prendre. Que vaut cette affaire? Les 400,000 mètres de terrain achetés représentent, selon les uns, 40 millions sur 100 fr. le mètre, selon les autres, 60 millions sur 150 fr. le mètre. Ce sont là des évaluations où l'imagination a le champ libre; en pareille matière, il n'y a de vrai, de positif, que ce qui est réalisé, et cette réalisation ne paraît pas devoir être si prompte ni si profitable qu'on cherche à le faire entendre. En attendant, il y a là un capital énorme immobilisé et improductif; et jamais une compagnie financière qui veut rester fidèle aux règles de la prudence ne doit frapper ainsi d'inertie les capitaux pour un temps indéterminé. Qu'on se remémore l'histoire des chutes des grandes maisons que nous avons vues tomber, et l'on se convaincra que c'est par cette faute capitale qu'elles ont péri. Les compagnies de crédit faussent leur destination quand elles suivent cette route; elles se paralysent et doivent fatalement arriver au triste dénoûment d'une liquidation forcée et désastreuse.

Il résulte de là que, sans entrer dans le fond des choses, sans faire la part des événements qui peuvent renverser et réduire à néant toutes ces évaluations grossies outre mesure, il nous suffit de voir la *Caisse générale* enlacée et empêtrée dans une opération de si longue haleine, pour nous former une médiocre opinion de sa gérance.

Emprunt espagnol.

Pour le coup, nous tenons une affaire tout à fait hors ligne. — C'est certainement la meilleure de toutes celles que nous aurons à analyser. En effet, voici la conclusion du rapport : « Cette opération, qui aurait été si brillante, a donné des résultats presque nuls. » Nous nous humilions devant un tel aveu; obtenir de semblables résultats est une conquête sublime. Plût au ciel qu'on eût partout été aussi heureux !

Chemins de fer romains.

Les chemins de fer romains, qui sont pourtant une assez grosse affaire, ne fournissent au rapporteur que quelques lignes; il semble y marcher sur des charbons ardents et vouloir se hâter d'en sortir; peu ou point de détails; un langage énigmatique jette sur les résultats définitifs de l'entreprise un voile difficile à pénétrer. On dit bien le revenu garanti par le saint-père, mais on est loin d'être aussi explicite sur la somme à dépenser, ce qui est pourtant le terme corrélatif et le seul moyen d'estimer la proportion du produit. Peu de renseignements aussi sur les recettes présumées. Absence complète de détails sur les divers incidents qui ont marqué l'existence de la Société des chemins de fer romains, et notamment sur le procès soutenu contre les constructeurs du chemin, procès qui s'est terminé par une transaction des plus onéreuses.

Nous voulons être aussi laconique sur cette affaire que l'a été le rapport : car, si nous entreprenions l'examen détaillé des opérations conçues par M. Mirès, il nous faudrait entrer dans des développements qui nous forceraient d'élargir le cadre restreint que nous nous sommes tracé. Disons cependant que le gouvernement pontifical ne *garantit* pas de revenu aux actions, dans le vrai sens du mot. Il alloue à la compagnie une subvention annuelle qui pourrait servir, il est vrai, à payer un intérêt aux actions, mais qui peut tout aussi bien recevoir une autre destination. Sur ce point, comme sur bien d'autres, les directeurs de la Caisse spéciale des chemins de fer sont pris en flagrant délit d'erreur et d'équivoque.

Propriétés immobilières.

Les propriétés immobilières ont aussi affriandé la Caisse générale des chemins de fer, qui a vraiment aspiré au titre d'encyclopédique. Nous admettons qu'elle ait tenu à avoir, pour se loger, pignon en ville ; nous concevons encore que, pour se couvrir d'une mauvaise créance (bagatelle de 1,400,000 fr.), ce qui est une autre preuve de sagacité, elle ait dû s'appliquer un autre immeuble. Mais dans quel but acquérir l'hôtel des Princes ? Pourquoi paralyser ainsi un capital de 2,500,000 fr. ? Son rôle est-il de faire des placements *ad æternum* ? Nous disons *ad æternum*, car chacun sait que des propriétés urbaines de cette importance sont bien lentes à sortir des mains de ceux qui les détiennent. De si lourdes masses ne se déplacent pas facilement ; voilà plus de dix années que *l'hôtel des Princes* cherchait un acquéreur ; la Société sera-t-elle plus heureuse que le précédent propriétaire ? Il n'y a pas de raison pour le croire. Mais, répond-on, il y a des propositions avantageuses de location ; — cela peut être, mais peu importe. — La Caisse générale n'est pas un rentier vivant de son revenu ; sa mission est de faire circuler choses et capitaux ; de plus, l'immeuble est estimé, *non au prix de revient, qu'on porte à 2 millions et demi*, mais à 3 millions. Pourquoi cette plus-value ? C'est une grave erreur, et il y aura bien du mécompte. On serait beaucoup plus près de la vérité en l'évaluant à deux millions plutôt qu'à trois ; et, si l'on voulait s'en défaire, il est probable qu'il faudrait se contenter d'un prix encore moindre.

Pourquoi aussi ces *terrains de Chaillot ?* Quatre millions encore immobilisés ! — Il est vrai que, par un heureux hasard, le préfet de la Seine vient d'alléger le fardeau ; dans quelle proportion ? le rapport est muet ; mais le surplus, quand et comment s'en débarrassera-t-on ? C'est dans un futur contingent qui laisse place à bien des éventualités.

Enfin 5,000 mètres à Marseille acquis de nouveau. Nous ne nous appesantirons pas sur les projets gigantesques qui ont été l'occasion de cette acquisition ; ces rêves sont loin aujourd'hui : ils ont disparu pour faire place à de piteuses réalités ; mais le terrain est demeuré au grand bénéfice social, s'il faut en croire le rapport, qui, d'un seul trait de plume, en augmente la valeur de trois à quatre francs le mètre. Une seule chose nous étonne, c'est la modération de ce chiffre ; il n'en aurait pas coûté davantage de le faire plus ronflant.

Chemin de fer de Pampelune.

Quittons Marseille, notre ville chérie, pour nous élancer vers *Pampelune*. La transition est brusque ; cependant, avec un peu d'art, il n'eût pas été impossible de mettre à l'unisson la pauvre ville navarraise avec la splendide cité phocéenne ; le talent est un grand prestidigitateur ; mais le rapporteur s'est renfermé dans une sobriété de détails qui nous offrent bien peu de moyens d'appréciation. Il se contente de nous apprendre que la Navarre et l'extrémité occidentale de l'Aragon sont les plus riches provinces de l'Espagne. Voilà au moins quelque chose de nouveau. Nous avions cru que la Catalogne, le royaume de Valence, l'Andalousie, étaient les vrais bijoux ibériens ; c'était ainsi avant le rapport, et surtout avant la concession du chemin ; mais aujourd'hui...... Vraiment on se demande, en entendant pareilles choses, quel auditoire croit avoir devant lui celui qui les débite.

Comme nous le disions, à l'exception de ce précieux renseignement géographique, on ne trouve rien qui puisse éclairer le moins du monde sur l'affaire en elle-même. On voit seulement que la gérance n'apporte pas une foi bien robuste aux merveilles qu'elle annonce, car elle fait entendre que l'occasion de mettre l'opération sur le dos d'autrui pourrait bien se présenter, et qu'elle se hâtera d'en profiter. En pressant un peu ses paroles, on découvrirait même que c'est dans ce but qu'on s'en est affublé. Il y aurait là purement une spéculation (peu digne à notre avis d'une grande compagnie) fondée sur la rivalité présumée de deux lignes voisines et convoitantes, plutôt qu'une entreprise sérieusement conçue. Voilà le mirage qui a séduit la gérance bien plus que l'étude approfondie des choses.

Nous voilà enfin arrivés au terme de l'examen très sommaire des opérations dont le tissu forme la vie financière de la *Caisse générale des chemins de fer*. Toutes nous ont paru mal conçues, mal étudiées, et encore plus mal conduites. Elles devaient forcément, fatalement, amener les

choses à un triste avortement et à la malencontreuse liquidation qui va
se dérouler. Tous les prétextes, tous les palliatifs tirés des circonstances, ne parviendront jamais à tromper les esprits attentifs et clair-
voyants sur la vérité des faits. Ces faits, dépouillés de tous les accessoires dont on a essayé de les envelopper, restent comme un monument
accusateur d'impéritie et d'imprévoyance portées au plus haut degré.

De la formation de l'inventaire.

On comprend aisément qu'avec de tels éléments, la formation d'un inventaire soit chose embarrassante. Laisser passer cette année encore
sans distribuer ni intérêts ni dividendes, c'était s'exposer à faire jeter
les hauts cris; mais d'un autre côté, la loi est vigilante et sévère, les
tribunaux répressifs (mot heureux, pour ne pas dire *correctionnels*)
donnent une sorte de frisson qui glace le courage; comment naviguer
entre ces deux écueils?

La question fondamentale est celle de l'estimation des valeurs du
portefeuille. Sur quelle base établir cette estimation? Nous convenons,
avec le rapporteur, que, « lorsqu'il s'agit d'estimer des valeurs qui sont
soumises à tant d'éléments divers d'apréciation, il n'est pas permis de
faire un inventaire qui soit, nous ne disons pas rigoureusement exact,
mais seulement *approximatif*. » Toutefois, nous ne saurions adopter la
solution qu'il propose. Après avoir écarté les prix de revient ou d'achat,
le cours de la Bourse, comme manquant de vérité et de solidité, c'est
d'après le pair des actions émises qu'il propose de fixer l'appréciation.
A notre avis, cette base n'est ni plus solide ni plus vraie que les autres
qui ont été rejetées. En effet, l'estimation à faire n'est pas une estimation de fantaisie; ce n'est pas un examen pur et simple de la situation
financière; ce n'est pas une sorte de satisfaction personnelle qu'il s'agit,
en cette circonstance, de se procurer; mais cet examen doit, au contraire, se résoudre en un acte matériel, en répartition effective; son
résultat est d'affaiblir le capital social, dans ce qui est le plus net, le
plus clair de son actif, d'une notable portion de numéraire qui doit
passer de la caisse commune dans celle des actionnaires. Force est
donc de procéder avec sagesse et prévoyance, de se maintenir dans les
limites du vrai, c'est-à-dire de ne distribuer que des bénéfices sérieux,
incontestables et acquis. Or, ces bénéfices se composent de deux éléments : accroissement du capital, produit des valeurs.

Aussi longtemps que les valeurs reposent dans le portefeuille, toute
estimation n'est qu'idéale et arbitraire, la réalisation peut seule leur

dónner corps et vérité. Les fluctuations des choses sont si grandes que tout autre procédé est vicieux et irrégulier et expose aux plus tristes mécomptes. Toute Société commanditaire ou autre qui distribue, à *titre de bénéfices*, une somme qui ne provient pas soit d'une opération réalisée, soit du produit des valeurs, entame évidemment son capital. Nous savons bien que nous heurtons ainsi des opinions accréditées et, surtout, que nous coupons les ailes à l'agiotage, qui, prenant pour point d'appui des dividendes mensongers, s'élance dans des espaces imaginaires. Nous savons bien que telle n'est pas la marche suivie jusqu'à ce jour ; mais nous savons aussi quels désastres la marche contraire a amenés, et nous sommes convaincu que toute société qui ne changera pas ses anciens errements courra de grands risques ; et, par-dessus tout, nous pensons interpréter comme elle doit l'être la loi de 1856.

Bilan. — Examen des propositions.

D'après les principes que nous venons d'exposer, il est évident que nous ne saurions admettre le bilan tel qu'il est formulé. A nos yeux, il pèche par la base. A quoi bon s'arrêter aux détails ? L'excédant par lequel il solde est complétement fictif ; neuf millions et demi : pourquoi pas quinze ? — pourquoi pas vingt ? — Il y a vraiment du mérite à s'arrêter en si beau chemin ; tout autre chiffre ne serait ni plus ni moins vrai. Ainsi, par exemple, l'évaluation des clientèles anciennes et nouvelles du *Journal des chemins de fer*, qui figure pour deux millions, nous semble d'une modération stupéfiante. Le génie ne se calcule pas. A-t-on jamais tarifé une toile de Raphael ou du Dominicain ?

Nous pourrions donc passer à l'examen des propositions sans nous arrêter davantage à creuser ce bilan fantaisiste. Il y aurait d'abord pour cela une raison dominante : c'est que la sobriété, on pourrait presque dire l'absence de renseignements, ne permet aucune investigation sérieuse ; c'est un bilan tout sec, réduit à sa plus simple expression, et bien avisé celui qui pourrait en découvrir le secret. Pour nous, il n'a aucune valeur financière, et toute distribution d'intérêts et de dividendes qui s'appuie sur cette frêle base est frappée de nullité radicale.

Ainsi, que voyons-nous dans ce miraculeux bilan ?

Un passif certain, positif, de 102,956,919 fr. 76 c., représenté par un actif qu'on estime arbitrairement à 112,520,837 fr. 85 c. Dans ce chiffre de 112 millions, les actions des Chemins romains, de Pampelune, du Gaz de Marseille, etc, toutes affaires créées par la *Caisse-Mirès*, sont évaluées à 77,974,800 fr., chiffre qu'il faudrait réduire d'un tiers d'après la cote officielle, et cette réduction seule ferait non-seulement disparaître le prétendu excédant de 9 millions et demi, mais encore elle constituerait la *Caisse générale des chemins de fer* en déficit de 10 millions environ.

On voit, par ce fait incontestable, que MM. les directeurs de la *Caisse générale des chemins de fer* avaient d'excellentes raisons pour ne pas vouloir suivre la marche ordinaire en adoptant le cours de la Bourse pour l'évaluation de leurs valeurs. Mais, si leur doctrine sur ce sujet est la bonne, comment se fait-il que M. Mirès ne l'applique pas constamment, et que, repoussant la *moins-value* dont les Chemins romains, les Pampelune, les Gaz de Marseille, sont affectés, il porte, dans son estimation la *plus-value*, vraie ou fausse, qu'ont acquise les propriétés immobilières?

Maintenant, jetons un coup d'œil rapide sur les trois articles du passif; il n'y en a que trois : c'est peu développé.

D'abord le capital social, soit 50 millions; puis les *soldes des comptes divers* et les *effets et coupons*, formant ensemble un capital de 53 millions, exigible à toute heure.

Avec quoi la *Caisse générale des chemins de fer* payerait-elle ces 53 millions, si on les lui réclamait à l'improviste, comme cela peut très bien arriver, bien qu'elle prétende avoir devant elle une marge d'un an pour les remboursements qu'on pourrait lui demander?

1° Avec les espèces en caisse, les effets et coupons, et le compte de la Banque, formant ensemble, au 31 décembre 1859, la somme de. 2,002,288 fr. 82

2° Avec les rentes, actions, obligations de chemins de fer, etc., soit. 19,777,055   31

Total. . . . 21,779,344 fr. 13

Nous admettons, comme on voit, la réalisation des valeurs de portefeuille au prix porté au bilan du 31 décembre. Le passif exigible, qui est d'environ 53 millions, se trouverait donc diminué de près de 21 millions. Il resterait, par conséquent, au chiffre de 31 millions.

Quelles seraient les ressources de la *Caisse générale* pour éteindre immédiatement cette dette de 31 millions?

Ces ressources consisteraient dans la vente en masse des Chemins romains, des Pampelune, des Gaz, etc., valeurs portées au bilan pour 77 millions, qui ne devraient peut-être pas y figurer pour 60 millions, et dont la réalisation *forcée*, provoquant une baisse considérable sur ces valeurs, permettrait tout au plus de délivrer la Société de ses créanciers.

Il lui resterait alors les *anciennes et nouvelles clientèles*, modestement évaluées à 2 millions, et les propriétés immobilières, estimées, à l'aide d'une plus-value peu justifiée, à 10 millions. En tout 12 millions, sujets à diminution, pour représenter un capital de 50 millions.

Et le rapport présenté aux actionnaires de la *Caisse générale des chemins de fer* parle de la situation prospère des affaires sociales! Et il conclut à la distribution d'un dividende!

Mais ce n'est pas tout. Si la caisse Mirès a des créanciers, elle a aussi des débiteurs. Nous ne trouvons aucune trace de ces comptes débiteurs dans l'actif du bilan. Comment cela se fait-il? Faut-il ajouter foi aux explications qui nous ont été données à cet égard par des gens qui se croient bien renseignés? S'il faut s'en rapporter à ces explications, on aurait défalqué du montant des comptes créditeurs le total des comptes débiteurs, et on se serait borné à porter au passif le *solde des comptes divers.* C'est un procédé tout à fait inusité, et qui ne sert qu'à dissimuler la vérité. Il peut se faire qu'il soit dû 20 millions à la *Caisse générale des chemins de fer*, et comme on n'en retrouve pas la trace dans les indications de l'actif, on est fondé à croire qu'ils ont été déduits du montant des comptes débiteurs, qui s'éleveraient alors à 69 millions, au lieu de 49. Or, ces 20 millions peuvent être d'un recouvrement difficile, et ne pas rentrer intégralement, tandis que la caisse Mirès est parfaitement sûre qu'on lui réclamera tout ce qu'elle doit.

Dans ce cas, la situation de la *Caisse générale des chemins de fer* serait encore plus mauvaise que celle indiquée par l'analyse que nous venons de faire des articles de son actif. Ce ne sont, il est vrai, que de simples hypothèses, mais qu'on n'est que trop autorisé à faire. Les situations claires s'expliquent clairement, et ce n'est pas par la clarté que brille l'état de situation dressé au 31 décembre 1859.

Malgré cela, les directeurs de la *Caissse générale des chemins de fer* ont accusé un prétendu excédant de l'actif sur le passif, de 9 millions et demi, et ils n'ont pas craint de transgresser la loi de 1856 en distribuant un dividende fictif.

Voyons donc maintenant les propositions qui « forment un ensemble rédigé dans un but essentiellement protecteur des intérêts des actionnaires ». Nous éliminerons tout ce qui n'est que forme d'administration ; nous ne parlerons pas davantage du dividende de 25 fr. proposé; nous venons de le qualifier selon son mérite. Nous allons nous borner à ce qui est la pensée mère, la véritable pierre angulaire de ce rapport si démesurément allongé.

En reliant ces propositions aux pouvoirs demandés relativement à toutes les valeurs sociales, il est impossible, quelque bonne volonté qu'on y apporte, de voir autre chose qu'une liquidation déguisée. C'est l'idée émise en 1857, et repoussée par les actionnaires, qui reparaît, non dans son entier, mais fractionnée; n'espérant pas emporter la place d'un seul assaut, on attaque un bastion, certain que, quand on y sera logé, le reste ne tiendra guère. On essaye d'une liquidation partielle, par le moyen de la réduction du capital et d'une distribution aux actionnaires, non d'espèces, mais de titres sans valeur prouvée et sans cours établi. Cela peut être habile, mais cela est-il régulier et légal? Le vote d'une assemblée est-il suffisant pour valider une pareille décision et enchaîner la volonté des actionnaires?

Une assemblée générale, ou plutôt ceux qui la mènent et cherchent à l'exploiter dans le sens de leurs intérêts, sont fortement tentés d'en exagérer les attributions et de lui conférer l'omnipotence. Cette doctrine erronée, nous l'avons déjà combattue, et nous lutterons toujours contre l'usurpation qu'elle a la prétention de consacrer. Les assemblées ne ouissent pas de la souveraineté absolue; elles ont, comme toute institution, des limites qu'elles ne doivent pas dépasser. Ces limites sont fixées par les statuts. Les actionnaires ne sont pas livrés comme des ilotes aux caprices des majorités, et les tribunaux sont là, ayant pour mission de réprimer leurs excès et leurs abus d'autorité. Ainsi il est parfaitement démontré aujourd'hui et passé à l'état d'axiome que les majorités sont impuissantes à détruire ou altérer les éléments constitutifs et essentiels des sociétés. Par exemple, l'objet pour lequel une société a été formée est immuable, et toutes les majorités échoueraient dans les décisions qu'elles prendraient pour le changer. C'est ce qu'on appelle, en style juridique, les conditions substantielles du contrat, celles qu'il ne peut pas perdre sans cesser d'être. Le capital de toute société, et principalement d'une société *financière*, a évidemment ce caractère.

Sous une pareille association, le capital est la chose fondamentale; car c'est seulement par lui qu'elle peut atteindre le but qu'elle s'est proposé. — On peut avancer avec assurance que c'est la condition *sine qua non* de son existence. Toute entreprise, pour réussir, doit proportionner ses forces à la tâche qu'elle veut accomplir; si, surtout, elles lui sont inférieures, l'insuccès est infaillible; lors donc qu'une société financière s'établit, le point primordial et essentiel à examiner, c'est la quotité du capital qui va devenir son instrument. C'est après avoir calculé le rapport du moyen avec le but que les esprits sensés et prévoyants s'engagent dans une opération de ce genre. Altérer cette base de leur supputation réfléchie, c'est vicier le contrat dans sa partie fondamentale. En effet, le résultat qu'on pouvait attendre d'un capital aggloméré de 50 millions, comment l'espérer d'un capital amoindri et réduit de près des deux tiers? Je m'étais engagé avec un colosse, et c'est un nain que vous me donnez pour compagnon et protecteur; vous viciez le contrat; cela est de toute évidence; d'ailleurs, chacun sait que

la puissance du capital croît en proportion géométrique de son accumu-
lation, et qu'en amaigrissant ce capital de 30 millions, vous enlevez à
l'opération une force double et triple de celle du chiffre nominal que
vous lui enlevez. Le prestige, l'auréole, disparaissent ; c'est un amoindrissement moral bien plus funeste encore que l'amoindrissement matériel.

Ces raisons, auxquelles bien d'autres pourraient être ajoutées, si c'é-
tait le lieu d'entrer ici dans une discussion approfondie, nous font conclure, sans hésiter, que la réduction du capital est une proposition à
l'égard de laquelle l'assemblée générale était sans droit pour statuer.
L'unanimité de tous les actionnaires aurait seule la force de sanctionner
une restitution aussi exorbitante ; *un seul*, en protestant et en portant
le débat devant les tribunaux, mettra à néant toute cette fantasmagorie
du rapport et de la délibération.

A quoi bon ? nous dira-t-on peut-être. L'entreprise est dans un tel
état de délabrement, la gérance paraît si épuisée de force et d'idées, que
le mieux est de mettre fin à une opération qui ne peut aller qu'en em-
pirant chaque jour. L'observation serait juste, si cette liquidation arrêtait
le mal ; mais elle ne fera qu'accélérer et accroître le désastre. Toutes
ces actions qui vont être distribuées et éparpillées dans tant de mains
vont perdre le peu de valeur qui leur reste, par l'empressement de
chacun à s'en débarrasser ; le sauve qui peut proclamé dans le rapport
va jeter une terreur panique parmi les actionnaires ; quand le général
donne le signal de la déroute, que peuvent faire les soldats ? Réunies
dans la caisse sociale, ne s'écoulant que dans une certaine mesure et
avec une certaine sobriété, ces actions pouvaient encore traîner une vie
languissante ; elles avaient devant elles les lenteurs d'une phthisie pul-
monaire, tandis qu'elles vont être frappées par une étreinte apoplectique.

Quoi qu'il advienne, toujours est-il que la chute d'une société qui s'an-
nonçait avec tant de superbe, de fracas, qui voulait se faire croire ap-
pelée à de si hautes destinées, restera comme un exemple de plus que
la témérité n'est pas le génie, et qu'il ne suffit pas d'être parvenu, par l'effet
du hasard et de la crédulité publique, à réunir des millions, pour savoir
créer et conduire des affaires ; que la science industrielle ne s'improvise
pas ; que la Bourse et tous ses calculs d'agiotage sont une mauvaise
école pour former des hommes capables de manier et de conduire à bien
des opérations laborieuses et de longue haleine.

Conseil de surveillance.

Parlerons-nous, en finissant, du rapport du Conseil de surveillance ?
Nous ne nous en sentons guère le courage. Que penser et que dire
d'un Conseil ayant la mission de suivre d'un œil attentif et scrutateur
tous les mouvements d'une gérance ; par suite, de guider et d'éclairer les
actionnaires dans les votes à émettre, et qui, dans un pareil amas d'entreprises aussi dépourvues de discernement dans leur création que d'habileté et d'intelligence dans leur gestion, ne trouve d'autre sujet de critique, — que disons-nous ? — de doute timide, que dans l'évaluation de
l'*hôtel des Princes* et de la clientèle du *Journal des chemins de fer* ? On ne
peut que se taire.

IV

Résumé. — Conclusion.

Dans les chapitres précédents, nous avons discuté la nouvelle théorie financière préconisée par les directeurs de la *Caisse générale des chemins de fer*, et il nous a suffi de la soumettre à la plus sommaire analyse pour en détruire de fond en comble toute l'économie.

Nous avons pu démontrer aussi facilement le néant des prétendues garanties offertes aux souscripteurs des actions du chemin de fer de Pampelune à Saragosse.

Enfin, nous avons été amené par la force des choses à examiner la solvabilité du principal garant, c'est-à-dire de la *Caisse générale des chemins de fer*. De cet examen, si peu rigoureux et si peu approfondi qu'il ait été, il ressort évidemment cette triste et inexorable vérité : la Caisse-Mirès, cet établissement financier que de naïfs actionnaires comparent encore aux plus puissants, est, au contraire, dans la situation la plus précaire. — Il n'y a pas à s'y méprendre après la lecture attentive du Rapport, que nous avons reproduit *in extenso*, malgré sa prodigieuse étendue.

Que doit-on conclure de tout ce qui précède, au point de vue particulier des souscripteurs d'actions de Pampelune à Saragosse?

On doit en conclure que ces souscripteurs ayant agi sous l'influence de promesses dont on a trop habilement exagéré l'importance, et d'engagements qui ne peuvent pas être tenus, que la loi ne reconnaît pas, ils ont le droit d'exiger l'annulation de souscriptions surprises à leur bonne foi.

De deux choses l'une :

Ou l'intention de MM. Mirès et Solar a été de donner cette garantie sérieuse, importante, dont ils parlent avec tant d'emphase dans leurs prospectus et annonces, et alors, entendant bien garantir le capital par eux appelé, l'article 1855 du Code Napoléon frappe de nullité cette garantie trop généreuse.

Ou MM. Mirès et Solar n'ont pas, comme ils l'ont déclaré, entendu garantir le capital, mais garantir seulement qu'à un jour indiqué les actions par eux émises seraient cotées au pair. Dans cette hypothèse, l'article 1855 du Code Napoléon ne serait plus à invoquer ; mais il resterait à la charge des directeurs de la Caisse des chemins de fer un acte moralement plus grave, une faute lourde équipollente au dol et à la fraude.

Dans l'un ou l'autre cas, les actionnaires de Pampelune à Saragosse sont dépouillés de cette précieuse garantie qui les a tant séduits : ils sont donc fondés à exiger le remboursement des sommes par eux versées.

Useront-ils de leurs droits ? Nous l'ignorons ; mais c'était faire une œuvre utile que de détruire sans plus tarder leurs illusions : ils peuvent maintenant adopter les résolutions que leur intérêt leur suggérera.

Dans un but d'intérêt plus général, dans un but moral, nous avons cru devoir aussi réduire à sa juste valeur la prétendue doctrine de MM. Mirès et Solar ; car il eût été déplorable que cette doctrine et son application passassent sans rencontrer une seule critique, sans provoquer une seule protestation.

2307. — Paris, imprimerie Ch. Jouaust, rue Saint-Honoré 338.

2307 — Paris, imp. de Ch. Jouaust, rue Saint-Honoré, 338.

www.ingramcontent.com/pod-product-compliance
Ingram Content Group UK Ltd.
Pitfield, Milton Keynes, MK11 3LW, UK
UKHW022358070726
13614UKWH00003B/1210